福建省社会科学基金项目成果，项目批准号：FJ202

新时代青少年
文明素养养成教育论

◎陈翰苑　著

◆湖南师范大学出版社

－ 长沙 －

图书在版编目（CIP）数据

新时代青少年文明素养养成教育论／陈翰苑著. —长沙：湖南师范大学
出版社，2023.8
ISBN 978 - 7 - 5648 - 5012 - 8

Ⅰ.①新… Ⅱ.①陈… Ⅲ.①青少年教育—品德教育—研究—中国
Ⅳ.①D432.62

中国国家版本馆 CIP 数据核字（2023）第 146540 号

新时代青少年文明素养养成教育论

Xinshidai Qingshaonian Wenming Suyang Yangcheng Jiaoyulun

陈翰苑　著

◇出 版 人：吴真文
◇责任编辑：赵婧男
◇责任校对：谢兰梅
◇出版发行：湖南师范大学出版社
　　　　　　地址／长沙市岳麓区　邮编／410081
　　　　　　电话／0731-88873070　88873071
　　　　　　网址／https：//press. hunnu. edu. cn
◇经销：新华书店
◇印刷：长沙雅佳印刷有限公司
◇开本：710 mm×1000 mm　1/16
◇印张：12.75
◇字数：220 千字
◇版次：2023 年 8 月第 1 版
◇印次：2023 年 8 月第 1 次印刷
◇书号：ISBN 978 - 7 - 5648 - 5012 - 8
◇定价：48.00 元

如有印装质量问题，请与承印厂调换。

序 言

　　习近平总书记指出，"青少年是引风气之先的社会力量。一个民族的文明素养在很大程度上体现在青年一代的道德水准和精神风貌上"。因此，文明素养对青少年的成长意义十分重大，它是人的现代化的内在需求，是培养时代新人使然，也是新时代青少年成人成才的必然。

　　书稿以"文明"为切入点，探究了文明与文明素养以及文明素养养成教育之间的内在关联。在溯源了文明这一概念的基础之上，提出文明的本质即"发展"，这种发展归根结底是"人类德智的进步"。在发掘了文明于人类精神生产活动及物质生产活动上的促进作用之际，创新地提出了"文明是生产力"这一论断。同时，文明是人的文明，是内在于人天性中的文明性与文明因子的外显与实现，可以说，人是文明的逻辑起点。因而，文明素养即指修习、涵养人之生命根性中的文明性。康德曾说，"人只有通过教育才能成为人"，教育关乎着"人类天性之完满性的伟大秘密"①。通过教育，人之天性才能得到更好的发展。而文明素养养成教育就是以中国传统教育思想——养成教育——来促进新时代人的文明素养的提升。这一教育的目的是使文明的行为习惯与思维方式内化到个体人格之中，从而呈现出一副文明的样态。可以说，文明素养养成教育是"教育"更是"养成"。

　　新时代，青少年群体文明素养整体水平较高，但在规则秩序意识、环保节约意识、社交礼仪素养等方面仍有不足。究其原因，除了学校教育、

---

　　① ［德］康德．论教育学［M］．赵鹏，何兆武，译．上海：上海人民出版社，2005：5－6.

家庭德育不足以及社会环境中的负面影响之外，书稿还考察了行为发生的机制，即行为是人与一定的物质环境交互导致的结果，因此，青少年文明素养不足的原因还在于人的德行有限性与技术的缺陷性。同时，人是文化化的人，文化对于人的文明素养有着深远影响。而西方现代化进程"杀死了"象征着绝对价值的"上帝"，彻底颠覆了传统社会一元性价值体系及其所建构的精神世界。人因此失去了精神"约束力"与道德"指南"，从而陷入价值真空的道德虚无主义。西方这股现代化之风也重创了中国。蕴含着全人类共同价值的中华优秀传统文化的继承与发扬受到阻滞。社会上随之出现行为失范、价值失落等不良现象。

新时代青少年文明素养的范型究竟为何？良好的文明素养到底包括哪些要素？其最终要呈现出何种样态？对此，笔者认为，青少年群体因教育背景及家庭环境等因素的不同而呈现出个体的差异性，不同的个体对于文明素养的理解也就不同。因此，文明素养养成教育不能一概而论，既要提出基础型的普遍要求，又要提出理想型的高远期盼，但不论是基础型文明素养还是理想型文明素养，都从各个方面呈现了文明人的风貌及现代文明的特质。

文明素养强调的是人的素养的"文明"本质，而"文明"只有在主体平等尊重的相互作用下才会生成。因此，新时代青少年文明素养养成教育应凸显尊重。尊重是基于人生而具有的尊严。尊严的先天性要求每一个个体要自尊且尊重他人。自尊能和谐心灵秩序，驱使人们追求良好的道德素养，寻求自我完善。尊他能和谐生活秩序，是一个文明社会的题中应有之义。同时，人的文明素养应体现时代特征，中国社会从传统走向现代，"公共性"成为了当代社会的重要标签。因此，新时代青少年文明素养养成教育还应注重"公共性"，注重契约精神与公共理性的培育，注重他者思维与公共关怀的涵养。此外，人的行为的发生是以知性作为"工具"在情感动力的推动和导向下行事，情感是人的行为发生的"根本"，对此，文明素养养成教育需强调润化情愫。

青少年文明素养何以养成？

其一，新时代青少年文明素养养成教育需要制度的规导。制度是人类实践活动的结果，形成于人们的交往活动和社会关系之中。社会上有各种各样的制度，如法律、道德、风俗、习惯等。这些制度形塑着人的行为模式，改变着人的先天赋予。一民之轨的法律法规由于其惩罚性与强制性所带来的威慑力，毫无疑问成为了一种刚性的约束。这种刚性的约束看似是在一定程度上限制了人的某种自由，但其终极目标是为了更大程度、更大范围地实现人的自由。基于法律的这些特征以及新时代的时代特点，笔者认为，有必要在新时代为某些文明行为立法，以更明确的法律规范来约束和制止不文明行为，让全社会了解我们"禁止什么"又"倡导什么"，从而提高青少年的文明素养，提升城市文明程度。此外，一个社会只有强制的、刚性的法律制度，即便它在理论上是公正与完善的，也很难保证社会的正常运行。其原因有二，一者，法律有其限度，对于某些并未触犯法律的不文明行为我们无法诉诸法律。二者，人有其主体性与自觉性，若以柔性的教化替代刚性的约束，则能更好地激发人本性中的文明性。因此，我们还需要化民成俗的乡规民约。而乡规民约若想在新时代仍有效地发挥传统意义上的功能与价值则需完成现代化转向，即实现民约特色与法治精神的结合，乡土特色与时代精神的结合，以及自治特色与共治精神的结合。乡规民约不仅能维持良好的秩序，还能很好地教化民众，促进良好文明素养的养成。当然，在我们的社会中，还有一种"看得见"的制度，这就是"制度人工物"——劝导技术。劝导技术是"制度物化"或者说是"道德物化"的结果。这一理念虽由荷兰学者率先提出，但在古代中国却早已有之。"藏礼于器"作为中国古代社会关于制器造物的根本法则，即是传统的劝导技术。劝导技术是规范的物化，是人的"物律"，也可以促进规范的内化。

其二，新时代青少年文明素养养成教育需要多方联动。人不是孤立的个体，青少年并非成长于真空之中，他们必然与周围的世界相互依存，且或主动或被动地与之相互作用。家庭、学校以及社会等因素相互联系在一起，个体正是在这种联系与作用中发展了自身。青少年文明素养养成教育必须吸收各方优势资源，加强多方联动、多主体协同，从而真正实现全员育人、全程育人以及全方位育人。在家校社三位一体协同育人的过程中，政府应充分发挥统筹协调作用，加强系统谋划，推动部门联动，强化条件保障，促进资源共享和协同育人有效实施。学校要基于学生认知的发展规律，纵向关照，细化德育目标，也要注重横向渗透，践行三全育人，更要联合"家社"，主导协同育人。而家庭教育在人的文明素养养成教育的整个过程中起着默化与筑基作用。因此，家长应以身作则，树立榜样，为孩子提供一幅良好的"行为图式"，默化孩子的行为，为文明素养养成教育奠定良好的基础。置于"社会位"的最突出的大众传媒与志愿服务对于青少年文明素养的养成也有着强大的助力。作为社会思潮的重要载体之一的大众传媒承载了形形色色的思想与观念。因而，在满足公众娱乐与消遣需求的同时，大众传媒应注重加强主流价值观的宣导，通过管控舆论，弘扬社会主义核心价值观，为青少年"在线育德"。志愿服务活动的助益则在于志愿者在"利他"的同时"成己"。这就是真正的三全育人，是家校社各展优势、密切配合、相互支持的合力育人。

其三，新时代青少年文明素养养成教育需要个体的自我内化。仅仅依靠外在于人自身的力量来对人进行调控，其结果可能会是"民免而无耻"。但个体若能将外在的教育内化于心，成为一种自身之德性，可能会是另外一个结果："有耻且格"。只有把观念植入人心，调动起人的"内在动机"，使其成为人行动的根本依据，人的行为才能真正地做到出于"道德目的"且符合"道德规范"，如此，才是真正养成了内在的"德性"，也因此才能成就人自身的文明性，使人达至敬畏、慎独及从心所欲不逾矩的自由境界，从而真正实现文明素养的养成。

青少年是祖国的未来与希望，肩负着中华民族伟大复兴的重任，同时，青少年群体也是一个变动的群体，其素养也是国民素养的折射。由此，青少年的文明素养养成教育意义重大，其关乎着中华民族伟大复兴，关乎着社会主义现代化强国建设，更关乎着中华民族的永世长存。由于研究能力有限，书稿只做了初步探究。关于文明素养究竟包括哪些表象，以及文明素养养成教育具体的实现路径还有待深入考察。总而言之，这一主题是一常谈常新的课题，其研究任务任重道远。

目　录

第一章
新时代青少年文明素养养成教育的理论基础及时代必然性

第一节　文明及文明素养养成教育

文明之为物，至大至重，社会上的一切事物，无一不是以文明为目标的。[①] 人以文明为目标，在生存与发展之际创造了大量的物质文明与精神文明，使得身心各安其所，并成就了人自身的文明性——文明素养。

一、文明的阐释

1. 文明概念溯源

"文明"概念是一个蕴含着不同内容的历史范畴，它在与现实的互动中不断地演化、发展。"文明"一词在中国至少已经有两千多年的历史。《尚书》《周易》等文献对此均有记载。《易经·贲卦》有言："刚柔交错，天文也；文明以止，人文也"，即是说人文取象于天文，亦刚亦柔，刚柔交错，遂成天下秩序。唐代孔颖达疏解《尚书·舜典》"睿哲文明"说："照临四方谓之明，经纬天地谓之文。"[②] 疏解《易乾·文言》"见龙在田，天

---

① ［日］福泽谕吉.文明论概略 ［M］.北京编译社，译.北京：商务印书馆，2009：33.
② ［唐］孔颖达.尚书正义 ［M］.上海：上海古籍出版社，2007：34.

下文明"说:"天下文明者,阳气在田,始生万物,故天下有文章而光明也。"① 在此,"文明"即"文德、光明"之意。"文明"作为一个概念,是指从人类物质生产(尤其是对火的利用)引申到精神之文德、光明惠及社会。此外,"文明"也有文治教化的意思,如杜光庭《贺黄云表》中的"柔远俗以文明,慑凶奴以武略"([前蜀]杜光庭《贺黄云表》),另还有将"文明"视作与"野蛮"相对的进步状态,例如李渔在《闲情偶寄》中提出的"辟草昧而致文明"②。《明夷卦》也有,君子当"内文明而外柔顺"(《易经·明夷》),此是强调道德的养成。《同人卦》也说:"文明以健,中正而应,君子正也。"(《易经·同人》)可以说,在中国古代典籍中,"文明"这一概念体现着强烈的进步属性,与洪荒、草昧、夷狄相对,且大都意指文教昌明与社会发达,不仅强调个体的道德修为,更是主张内圣而外王。

在西方,"civilization"(文明)来源于古拉丁文"civis"。"civis"具有进步的含义,出现在"barbarous"(野蛮)之后。这里的"barbarous"仅仅是指古希腊人由于听不懂外族语言而对说话者的一种称呼,即语言上的"异乡人"。古希腊时期,希腊人所谓的"barbarous"主要指波斯人。此时的"barbarous"生活方式并没有什么不体面之处。公元前4世纪,波斯对古希腊发动了战争,在这个过程中,"barbarous"逐渐出现了贬义色彩,"barbarous"等语词逐渐与残暴、愚昧、残忍、没有文化等特质联系了起来,逐渐被赋予了"野蛮、未开化"之类的负面意义。当时的希腊人也认为他们生活的社会比周围其他民族生活的社会要发达得多,因而称他们为"barbarus"。自此,"civis"便有了与"野蛮"相对的进步含义。中世纪时期,法国等欧洲宫廷贵族为彰显贵族身份,在这个群体中逐渐形成了一套行为准则,这套行为准则被称为"宫廷礼仪"(courtoisie)。文艺复兴时期,随着市民阶级的兴起,"courtoisie"也逐渐被"civility"替代了。"to civilize"和"civilized"通常指称人的行为举止的文雅,以及社会发展从低

---

① [唐]孔颖达.周易正义[M].上海:上海古籍出版社,1990:19.
② [清]李渔.闲情偶寄[M].西安:陕西旅游出版社,2002:142.

级的野蛮状态到有教化的高级阶段（politesse）的演变。"police"指拥有复杂的行政体制和法律的那种社会发展状况。①

总体来说，"文明"（或"civilization"）主要"由两大事实组成：人类社会的发展及人自身的发展。一方面是政治和社会发展，另一方面是人内在的和道德的发展"②。即文明存在两个向度，外显性与内生性。文明的外显性表现为社会的发展，文明的内生性表现为人的德性的发展。不论是外显性还是内生性，都只是文明的表现形式，而文明的本质应该是"发展"，是"摆脱野蛮状态"的发展，是"人类生命高于动物状态且不同于野兽生命的种种表现"，它一方面包含了"人类所获得的所有知识和能力"，另一方面包含了"所有必要的规则"③。可以说，这种发展归根结底是"人类德智的进步"④。

2. 文明的划分

"文明"作为一个整体性概念存在于人类的一切社会实践与交往活动之中。但在实际生活中，文明又呈现出不同的形态。若仅从形式上考虑，文明一般可划分为两大类，一为物质文明，二为精神文明。文明的本质不仅仅关注物质成就，更应关注相应的精神层面。社会及其制度的演进与变革最终都表现为物质与精神的丰富与发展。

新时代提出五大文明，即物质文明、精神文明、政治文明、社会文明以及生态文明。这种划分以（广义的）社会结构为其依据，一般而言，广义的社会从结构与要素上可分为狭义的社会、经济、政治、文化以及生态。物质文明即指"人化自然"的实践产物。马克思指出，"自然界没有造出任何机器，没有造出机车、铁路、电报、自动走锭精纺机等等。它们是人的产业劳动的产物，是转化为人的意志驾驭自然界的器官或者说在自然界实现人的意志的器官的自然物质。它们是人的手创造出来的人脑的器官；是

---

① 何平. 文化与文明史比较研究 [M]. 济南：山东大学出版社，2009：46.
② ［法］基佐. 欧洲文明史 [M]. 程洪逵，沅芷，译. 北京：商务印书馆，2017：262.
③ ［奥］弗洛伊德. 文明及其不满 [M]. 严志军，张沫，译. 杭州：浙江文艺出版社，2019：101.
④ ［日］福泽谕吉. 文明论概略 [M]. 北京编译社，译. 北京：商务印书馆，2009：33.

对象化的知识力量"①，因而纯粹的自然之物并不能被视为物质文明。物质文明的社会功能在于它不仅是人类社会得以生存与发展的基础，还是推动社会进步和社会变革的基本动力，更是促进人的解放的根本条件；精神文明则指人类在整个社会实践过程中不断积累并最终形成的精神成果的总和。马克思认为道德是人类精神文明产生的内在基础，他指出，"道德败坏企图摧毁对人的最高使命的信仰，同时也摧毁真正文明的基础"②。精神文明必须建构在一定的物质文明的基础之上。但精神文明也有其独立性，有其相对独立的发展道路与历史表征。恩格斯曾就精神文明的独立性发表过论述："历史方面的意识形态家（历史在这里应当是政治、法律、哲学、神学，总之，一切属于社会而不是单纯属于自然界的领域的简单概括）在每一科学领域中都有一定的材料，这些材料是从以前的各代人的思维中独立形成的，并且在这些世代相继的人们的头脑中经过了自己的独立的发展道路。"③ 精神文明具有教化作用。马克思曾在《黑格尔法哲学批判》中指出："'直接的道德教育和思想教育'应该'从精神上抵消'他的知识和'实际工作'的机械性成分，——这就必须培养他的人道精神，使'行为上的冷静沉着、奉公守法以及和善宽厚'成为'风气'"④；政治文明则指人类社会政治生活的进步状态，通常以追求自由、平等、公正、法治等为价值旨归。从静态的角度看，政治文明是人类社会政治进程中取得的全部进步政治成果；从动态的角度看，它是人类社会政治进化发展的具体过程。政治文明包括政治意识文明、政治制度文明和政治行为文明三个组成部分，政治文明是由这三个部分组成的有机整体。⑤ 社会文明通常用来指人类改造世界所形成的社会的开化或进步状态。一般而言，社会文明包括三个基本要素，即社会主体、社会关系以及社会生活。其中，社会主体是人，社会关系即指人与其他要素之间的相互关系，社会生活关注的是人的社会生活状态问题。

---

① 马克思恩格斯选集：第二卷［M］．北京：人民出版社，2012：784-785.
② 马克思恩格斯全集：第一卷［M］．北京：人民出版社，1995：182.
③ 马克思恩格斯选集：第四卷［M］．北京：人民出版社，2012：642-643.
④ 马克思恩格斯全集：第三卷［M］．北京：人民出版社，2002：68.
⑤ 虞崇胜．政治文明概念辨析［J］．理论前沿，2002（4）：20-21.

这三个基本要素统一为一个不可分割的有机整体；生态文明亦可被称为绿色文明。马克思关于生态文明的思想包含着三个重要观点。其一，"人本身是自然界的产物"①，其二，人与自然和谐共生既是必然的又是必要的，其三，生态文明的价值目标是人的自由而全面的发展。

3. 文明与文化之异同

"文"与"化"早在甲骨文中就已出现，最初"文"与"化"均为独立的概念。"文"之本义即象征内心宁静、和平，"化"之本义则是生成、转化，属动词。"物生谓之化，物极谓之变。"（《黄帝内经·素问·天元纪》）"文"与"化"作为一个完整的"文化"概念最早出现在《周易·贲卦》中，即"观乎天文，以察时变；观乎人文，以化成天下"（《周易·贲卦》）。晋人束皙（广微）《由仪》说："文化内辑，武功外悠。"（［魏晋］束皙《补亡诗·由仪》）在此，"文化"便有了"文治教化"之义。分析"文"与"化"的结合，不难看出，"文"并不属于一种自然状态，"文"需要"化"而得之，"文化"表示一个从蒙昧到文明的转变过程，即"向文而化"的过程。"文"是"化"的方向和内容，"化"是"文"的活动，是"文"的过程。

在西方，"culture"（文化）的内容和范围在思想史上也历经了一系列变化，同样是一个历史性概念。"culture"源于拉丁文"cultus"，人们最初将其理解为耕种土地，具有种植、居住、练习等多重含义，而后衍变为英语"culture"，即在"cultus"的基础上又增加了教化与修养之意。"上升时期资产阶级所创造的资产阶级人文主义的文化概念包括人为了完善自己而给环境和自身的自然状态所增添的一切东西，而重点大都放在精神成就上。"②

从词源和变迁来看，中西方关于"文化"的理解有一定的相似性，但二者也有差异。在中国古代社会，"文化"之"文"指"天文"也指"人文"。"天文"亦即"天理"，是天道自然规律，通过观察天地运行的规律，

---

① 马克思恩格斯选集：第三卷［M］. 北京：人民出版社，2012：410.
② ［德］阿·科辛. 马克思列宁主义哲学词典［M］. 郭官义，等译. 北京：东方出版社，1991：387.

我们可以认识时节的变化；与之相对的是"人文"，"人文"就是"人间之理"，或称"人之道"，即人道社会规律，是伦理道德，通过注重伦理道德，可以使人们的行为合乎文明礼仪。可见，中国古人对"文化"的理解从一开始便立足于人的精神层面，古文中"文化"一词最初便明确了其人文教化之义。那么，文化与文明的关系又是如何的呢？

目前，学术界在文明与文化之关系的议题上存在三种代表性观点，一是文明等同于文化，二是文化高于文明，三是文明高于文化。弗洛伊德就曾提出"不屑于区别文化与文明这两个概念"①。文明就是文化，文化就是文明，二者并不存在任何差异。然而，文明和文化是两个具有独立性意义与存在价值的概念。只要对我们的日常语言进行考察就能很明显地看到这两个概念的根本区别。若是将两个概念进行混用，则会造成理解上的混乱与困惑。例如，在日常生活中，我们说某人有文化，仅仅是在表明这个人懂得很多文化知识，这并不能说明这个人就是一个文明人。因为在日常语言中，文化通常指科学文化知识。一个有文化的人，也可能言行粗鲁，举止野蛮，而在之前对文明概念的阐述中，无论是东方思想还是西方观念，文明都是与野蛮相对的一个概念，因而粗鲁野蛮的言行举止并不是文明的行为方式。同理，一个在行为上处处彰显出文明气质的人，其科学文化水平也并不一定就很高。可见，文明与文化并不能等同，在日常语言中，我们不能将这两个概念混着使用。认为无须区分两个概念的那些观点无疑否定了它们的独立性意义与存在价值。

第二种观点主张文化高于文明。这种观点认为文明与文化在本质上完全不同，文化是精神文化，而文明则指物质文明。在这种理解下，文化成为了一种无涉物质性存在的事物，并且还与物质性存在相对立，而文明则成了一种完全物质性的存在。这种观点将精神与物质分裂成两种不仅不同而且对立的事物，文化成为了一种独立于文明又高于文明的价值领域。这种理解看似将文明与文化做了区别，但无疑造成了文明与文化的割裂与对

---

① ［奥］弗洛伊德. 文明及其不满［M］. 严志军，张沫，译. 杭州：浙江文艺出版社，2019：101.

立。这两个概念虽然并不等同于彼此，但二者仍然有着紧密的联系。

第三种观点则主张文明与文化既有区别又紧密联系，文明是文化的积极积淀。无疑，不论是"文化"或是"文明"，无论是耕种土地，还是心智教养，二者在最初皆指与人相关的活动，突出了"人为"与"后天"的性质，与自然状态相对立。但二者所涵盖的历史内容又不尽相同。从历史生成论角度来看，文化在人类社会的历史发展过程中应早于文明。"文明"一词对应的英文是"civilization"，其来源于词根"civil"。"civil"是形容词，表示市民的，文雅的，文明的。在人类最初的历史阶段，人类社会还没有形成"城市"概念，人们散居在各地，从事的是农耕活动，人类历史发展到了一定程度之后，"城市"概念逐渐形成，从而也催生出了"市民"这一概念。因此，城市生活是人类历史比较高级的发展阶段。而文明"civilization"在最初的意义上也就是现代人所说的"城市化"。所以"文明"被理解为"城市"概念出现以后才得以萌生的。而"文化"的出现与"人"的出现几乎同步。"文化"的本质内涵是"人化自然"。而"文明"则是指社会文化发展到相对较高级的阶段。因此，"文明"是"文化"的高级形态。

二、文明是生产力

生产力是进行社会生产实践活动的能力或者说是改造自然界的能力。马克思将"一切生产力"分为"物质生产力"和"精神生产力"，并认为精神生产力有着同物质生产力一样的力量。

"物质生产力"即"物质手段"，是指体现在物质生产的劳动资料中的生产力，通俗地说，也就是创造物质产品的生产力，其中，劳动工具作为最重要的物质生产力，其改良与发展在很大程度上改变了人们生产与生活的方式，简化了人类的劳动。"精神生产力"是一种"精神手段"，它是"精神生产劳动者在有目的的活动中，运用精神生产手段创造系统化的观念形态产品的能力和力量"[①]。精神生产力为人类以及人类社会创造了思想观

---

① 郭正红. 论精神生产力 [J]. 生产力研究，2002（3）：54－56.

念、价值取向以及规则规范等诸多精神性产品。但不局限于创造"精神产品",精神生产力同样可以创造物质财富。马克思认为,精神生产力可以变成直接的生产力,即物质生产力。他说:"社会生产力已经在多么大的程度上,不仅以知识的形式,而且作为社会实践的直接器官,作为实际生活过程的直接器官被生产出来。"① 可以说,精神生产力具有双重属性,一方面,精神生产力可以创造出经济效益与社会效益,为人的精神需求奠定坚实的物质基础,另一方面,它还可以开阔视野,启迪智慧,陶冶情操,提升人的审美能力,提高文明素养。人的文明素养在整个社会生产活动中起着重要作用,如良好的人际关系利于塑造和谐的生产氛围,强烈的规则意识有助于提高生产效率。在日常生活中,人们的节约意识行为,守时守序等文明素养都有助于社会财富的保有或效率的提升。

文明作为一种生产力,是新时代社会物质文明与精神文明高度融合的结果。一方面,它有独特的精神生产的特征,即在文明的精神生产力中,人们将自身的思想、情感等浸透于全部的生产过程,以或有形或无形的方式将这些因素"物化"到对象中去;另一方面,文明生产力也具有物质性的一面,即人们通过劳动,将原有的物质材料改造为新的器物,可以说,文明生产力的整个生产过程也是一个"物化"的过程。不难看出,作为生产力的文明,其生产活动的特征既包括了人内在的心理活动,也包括了生产、分配、流通等在内的一系列物质产品的生产特征,它的运行方式也仍由物质产品生产的普遍规律来支配。文明作为生产力,尽管在经济、政治、文化等领域创造了巨大的价值,但其终极目标旨在满足人的精神需求,实现人的全面发展。

三、文明的逻辑起点:人

文明是人类实践活动的产物。任何文明的产生、存在和发展,都必然以人为主体。社会中的每个个体都是文明的主体,既是文明的消费者,又是文明的供给者,还是个人文明的呈现者。一个社会是否文明、文明程度

---

① 马克思恩格斯选集:第二卷 [M]. 北京:人民出版社,2012:785.

如何，最终需通过人来呈现。这自然会追问"人是什么？"

1. 人是什么？

阿波罗神殿石柱上一句"人啊！认识你自己"唤醒了人对自我认知的意识，也点燃了文明的火花。究竟人是什么？古希腊神话的解释是，人与万物同源，是神创之物。诸神将火与土以及所有能跟二者相融的事物塑造成各种动物，并指派爱比米修斯给动物们分配各种性能，以适应大自然的挑战，普罗米修斯则负责检验。由于爱比米修斯的遗忘，他将所有性能都分配在了那些非人动物的身上，转而发现人类一无所获——人类既无大型动物那般庞大的形体，也无猎豹那般快捷的速度，既无老鹰那般敏锐的视力，也无猎狗那般灵敏的嗅觉……普罗米修斯为挽救人类而从赫菲斯托斯与雅典娜那里盗取了创造能力和火，给人类送来了一份"厚礼"。人类的理性与智性就来自这份"厚礼"。"人"因为发展出"理性"而区别于其他非人动物，从而成为自然界中的"万物之灵长"。希腊神话从"人从何而来"对"人是什么"做出了一种神话学阐释，这种神话学阐释认为人既与其他非人动物同源又与神同性，"人"是存在于"动物"与"神"之间的"存在者"。希腊神话对"人是什么"的回答为古希腊哲学奠定了基础，为西方哲学提供了活水源头。

在"人啊！认识你自己"这一问题的主导下，西方许多学者也纷纷对"人"下了定义："人类在本性上，也正是一个政治动物"[1]"人体是一架会自己发动自己的机器"[2] 等。"人是什么"成为了哲学家们所要探索的重大课题。曾有科学研究表明，人类是历经漫长的时间从非人动物进化而来的——目前掌握的资料显示，人是约3亿年前由古海洋中某种鱼类逐渐进化而来——因而人经常被定义为某种动物，如"理性的动物""语言的动物""符号的动物""经济的动物"，不一而足。尽管人们关于"人究竟是怎样从动物进化来的"还存在很多猜测，但这里存在着一个根本性的问题，这个问题就是人之为"人"的优势特征与人的崇高如何显现，此外，以这种方

---

① ［古希腊］亚里士多德. 政治学［M］. 吴寿彭，译. 北京：商务印书馆，2017：7.
② ［法］拉·梅特里. 人是机器［M］. 顾寿观，译. 北京：商务印书馆，1959：20.

式理解的"人",如何同动物真正地区别开来。

我们该如何面对"人"这个概念?究竟什么是人?什么是人的本质?人在地球上存在已有几百万年乃至上千万年的历史,人在这漫长的历史中创造了巨大的物质和精神财富,尽管如此,关于人的认知仍存在许多未知领域。

我国有学者从人的主体性结构(认知结构、意志结构、情感结构)分析人的心理机制和社会环境(主要指社会关系)相互作用的功能过程——自然历史过程和社会进化过程——说明人的意识的发展及人的本质。尽管如此,人们也没有找到人与动物的根本区别,因为在高级动物那里也存在着低级的意识,在非人动物那里也存在着曾被认为是人类标志的高级智性与语言能力①。事实上,关于"人是什么?"的探究依然有许多未知世界。

2. 人就是"人"

高清海先生给人下的定义为"人就是'人'"②。事物的定义是人们对其本质规定的表述③,因此,可以认为,人的本质规定就是"人"。这一论断的特质在于要从人自身去认识人,了解人,同时还应按"对人的方式"对待人。高先生认为人先天具有人的本性,只能按照人的本性,从"人本身"去理解人。那么人的本性又是什么呢?

西方哲学家就人性议题也做出过各种论断,其中最流行的一种论断认为人的本性在于理性,是理性让人与非人动物区别开来,因为人是理性存在者,而非人动物只受感性的支配。作为理性存在者,人类并非凭借"感官"来把握世界,而是通过推理判断、概念性思维来理解世界,用一种"数学的"和"分析的"逻辑获得普遍抽象的"概念体系"来认识世界。虽然理性主义在现代受到了许多质疑与批判,但概念性思维能力似乎确实是人性中一个重要且独特的发现。我国古代学者对人类心灵的认识同样也

---

① 1966年,内华达大学的心理学家加德纳夫妇收养了一只黑猩猩,取名瓦苏(Washoe),并花费5年时间教会了瓦苏约160多个阿米斯兰语单词。其他黑猩猩学习这种语言也取得了相同程度的成功。之后,人们又让黑猩猩艾丽(Ally)接触了阿米斯兰语和英语口语,艾丽居然可以实现语言学家所谓的"跨模态转换"(cross-modal transfer),而人们认为这对动物来说是不可能做到的。

② 高清海. 人就是"人" [M]. 沈阳:辽宁人民出版社,2001:2.

③ 郭湛. 文化:人为的程序和为人的取向 [J]. 中国人民大学学报,2005 (4):24–31.

包括了概念性思维能力。他们认为，人类心灵（或大脑）具有思维、思考（概念性思维能力）、意识、感觉、知觉、情感、记忆等功能。（这种观念确立了心的主体性。）概念性思维能力①是一种结构性属性，这种结构性属性影响着人类生活的整个组织。但是，中国古代学者对人类心灵的解释并非是一维的。他们认为心灵除思维、思考（概念性思维能力）外，还包括感觉、情感等一系列其他功能。概念性思考的作用是形式化并扩展这些始于人之本能的东西。事实上，我们只要关注我们的日常，就能很清晰地知道，人性的确不能简单地等同于理性。人性是一个复杂的统一体，既包括理性也包括情感，既有先天本能，也有后天的适应性和可塑性。毋宁说，人与非人动物区别的根源就在于这种具有统一性的"心"，这种"心"能发展出李泽厚先生所谓的人的"独特的文化心理结构"。正是这种特殊的"文化心理结构使人区别于动物，它即是人性的具体所在"②。无独有偶，西方学者卡西尔认为文化是人之自我解放的一个过程。而语言、宗教、科学以及艺术则是构成这个过程的不同阶段的不同种功能，所有这些功能相辅相成，每一种都开启了一个新的视域，向我们展示了人性的一个新维度。在人之自我解放的各个阶段，一种新型力量得到了证实，人凭借这种力量能够建设一个属人的世界，一个符合人之理想的世界。人始终以可能性克服并超越于自身的现实性。人就是"人"，是一种集所有可能性于一身的存在：

> 上苍把人安排在，不上不下的地峡，
>
> 赋予我们暗昧的聪明，鄙陋的伟大：
>
> 我们有太多知识，难与怀疑论为伍，
>
> 同时又太过软弱，不及斯多葛狂徒，
>
> 以至于悬空摇摆，想贪求又想恬退，
>
> 不知该自诩神明，还是该自比兽类，

---

①　动物行为学家洛伦茨在其著作《动物与人类行为研究》中指出概念性思维能力是人类特有的属性与才能：人类这一物种最杰出的生物学相关的属性……是一种思考的能力。参见［奥］劳伦兹. 动物与人类行为研究：第一卷［M］. 李必成，译. 上海：上海科技教育出版社，2017：3.

②　李泽厚. 宋明理学片论［J］. 中国社会科学，1982（1）：31－52.

　　不知该崇尚心灵，还是该偏重肉体，

　　有思维只为犯错，有生命只为待死，

　　……

　　天性一半趋向超升，一半趋向堕落，

　　尊贵为万物君长，却任由万物宰割，

　　虽独掌真理标尺，判断却无尽差池，

　　是世界的荣耀，世界的笑柄与谜题！

　　　　　　　　　（《论人》第二札，第3行至第18行）①

3. 人何以是文明的逻辑起点

　　"文明"是"文化"的高级形态，而"文化"的出现与"人"的出现几乎同步。"文化"就其本质而言是"人化"，即"人化自然"。人意识到自身与自然界其他事物的本质区别后，"就不再甘心与物同伍"②。人的这种意识有认识功能还有能动作用。人开始以"人的价值目标"改造自然，"人化自然"。文化在此时便得以形成。文化是"人为"也是"为人"。"文化"以"人"为起点，因人而发生与发展，文化的目的又指向人，即文化以"化人"。因此，可以说文化的逻辑起点就是人，而作为文化的高级形态，文明更是如此了。

　　除此之外，除动物性本性之外，人在其人性结构之中还有一种文明性。事实上，人类历史就是一部人类文明发展史，这一过程中，人一直都在追求着人作为人——而不仅仅是作为动物的——更高级的价值而存在，这就是人性中文明性的体现。在人自身的文明性中，有着许多文明因子，如孟子所谓的"四端"等，不同的文明因子可以发展成为不同的文明样态与价值。如"仁"可以发展成为"仁爱""友善"，"义"则可以发展成为"公平""正义"等。人类受内在于人性之中的文明性的驱动，在生命实践中不断发展文明因子，获得自我的完善，从而实现人之为人的更高级的价值，

---

① ［英］蒲柏. 论人［M］. 李家真，译注. 北京：商务印书馆，2022：28 - 29.

② 高清海. 人就是"人"［M］. 沈阳：辽宁人民出版社，2001：4.

也就造就了文明。换句话说，文明就是人内在的文明性及其文明因子的外显与实现。可以说，人是文明的逻辑起点。

四、文明素养及其养成教育

1. 文明素养

"素"即本性、朴素、平素，"养"指教育、训练。"素也者，谓其无所与杂也。"（《庄子·刻意》）庄子认为，"素"即是"无杂"，是近乎人的本然之状态，"素养"即是要修养人本然之性。在庄子看来，人性之本然是质朴的，人性只有复归自然才符合道德。可以说，素，就是我们每个生命内在的潜能原点，是生命的"根性"，它包括我们身上伴随生命诞生而来的天赋才华、气质特征和能量势力。"素"字的生命根性意蕴映照在古人的生活世界中，古人便直接将其界定为"心性"。古人谈得最多的"养"，都是养身、养心、养性，而"养"最为核心的内容指向，即为"心性"。古人对于生命潜能原点的根性发掘贯穿了他们对于人的天生"心性"的探索、养护的始终。

因此，文明素养即指修习、涵养人的生命"根性"中的文明性。它通常表现为一个人的"行为习惯"（道德品行）与"思维方式"。从最基础的层次来看，文明素养与公德相似，也可称为公共文明素养。在公共文明素养中，公共生活准则起着重要作用。就公共生活准则而言，马克思认为它是一种"简单的准则"，并且应当成为至高无上的"道德和正义的准则"①，列宁则把它叫作"起码的公共生活规则"②，这些规则简单易行。如人们日常生活中排队候车，不在公共场所高声喧哗等，都是最基本的规范准则，也是最基本的文明素养。事实上，人的文明素养不仅仅在于公共生活基本准则，它还有更宽广的内涵，包括传统文化中的仁爱、诚信、节俭，也包括现代社会中的守法精神、绿色环保意识以及国际视野等。

---

① 马克思恩格斯选集：第三卷［M］．北京：人民出版社，2012：11．
② 列宁选集：第三卷［M］．北京：人民出版社，1995：191．

2. 养成教育

《吕氏春秋》有言："始生之者，天也；养成之者，人也。"（《吕氏春秋·本生》）意思是说人的本性是天生的，但人的德性是后天培养得来的。可见，中国古代社会十分注重人的德性的养成。可以说，中国传统教育思想的根基就是"养成教育"。"养成教育"关键在"养"。"养"对于个体人格的形成有着莫大的意义。

朱熹认为"养成教育"应秉持"蒙以养正""知行相须"等教育宗旨。朱熹说："古者小学已自养得小儿子这里定，已自是圣贤坯璞了。"[①]"古者，小学已自暗养成了，到长来，已自有圣贤坯模，只就上面加光饰。"[②]不仅如此，朱熹还认为，童蒙时期若没有奠定好良好品德，长大后再补救就十分困难了，即"而今自小失了，要补填，实是难"[③]。张载也说："'蒙以养正'，使蒙者不失其正，教人者之功也。尽其道，其惟圣人乎。"[④] 张载同样认为，在孩童尚未萌生错误的思想观念之时就要及时地对其施以正确的价值观教育，让正确的思想扎根在孩童心底，这样便能在其成长的过程中避免外界错误观念的影响及侵扰，把孩童错误的思想及不良的行为习惯消灭在萌芽阶段。因而，孩童时期是道德与习惯养成的最佳时期，只有抓住"未发生"的孩童时机施以教育，方可收到良好的德育效果，因此，道德的养成教育要从小培养其良好的品德。程颢、程颐也为"养正以蒙"作出了可能性论证，即："人自孩提，圣人之质已完"[⑤] 且"勿谓小儿无记性，所历事皆能不忘"[⑥]。人在童蒙时期其道德养成的生理基础就已完备，具备天然的道德培育的优势。因为童蒙时期，人心思纯净、记忆力较强，

---

① ［宋］朱熹. 朱子全书：第十四册［M］. 朱杰人，等主编. 上海：上海古籍出版社，合肥：安徽教育出版社，2002：268.
② ［宋］朱熹. 朱子全书：第十四册［M］. 朱杰人，等主编. 上海：上海古籍出版社，合肥：安徽教育出版社，2002：269.
③ ［宋］朱熹. 朱子全书：第十四册［M］. 朱杰人，等主编. 上海：上海古籍出版社，合肥：安徽教育出版社，2002：269.
④ ［宋］张载. 张载集［M］. 北京：中华书局，1978：31.
⑤ ［宋］程颢，程颐. 二程集：上册［M］. 北京：中华书局，1981：81.
⑥ ［宋］程颢，程颐. 二程集：上册［M］. 北京：中华书局，1981：57.

又善于模仿，这就使得孩童更容易接受德性的教化与熏染。

王炳照先生认为："中国的传统教育实质上是一种人格养成教育，就是教人学会如何做人。"① 的确，始于孔子的传统教育思想，其目的就是"使人成"。传统养成教育关注人的主体精神，关注道德人格尊严，认为人能够"参赞天地之化育"，希望以"成教化"的养成教育实现"明人伦"之社会理想。同时，养成教育以其隐蔽性、愉悦性以及无意识性成为了中国传统德育的主要方法之一。

中国古代累积千年的教养观念已经对人一生的各阶段做了一个贯穿的素养划分，即幼儿养性、童蒙养正、少年养志、成年养德。显然，传统养成教育既注重"养"的过程与阶段，又注重"养"的内容，即"性、正、志、德"，当然也关注"养"的方式。传统养成教育的教养方式包括尊重、引领、协助等。养成教育注重在实践方式方法上强调"三分教、七分养"的持久养护。让教育的整个过程都成为流畅的、温暖的、饱满的行为，从根本上契合教育的本质。罗曼·罗兰曾说："生命不是一个可以孤立成长的个体。它一面成长，一面收集沿途的繁花茂叶，它又似一架灵敏的摄影机，沿途摄入所闻所见。每一分每一寸的日常生活小事，都是织造人格的纤维。环境中每一个人的言行人品，都是融入成长过程中的建材。使这个人的思想、感情与行为受到感染，左右着这个人的生活态度。"② 生命不是作为一个"完成时"存在，生命是一个未完成的"进行时"。在这个进行的过程中，生命每时每刻都在接受着外部环境的塑造，被不同环境塑造过的生命也会呈现出不一样的姿态。有"淮南之橘"亦有"淮北之枳"。对于人而言，这种塑造愈加明显。人是文化化的人，人的价值观念、思维模式与行为方式都是特定文化作用于人的结果，人的衣食住行包括其性格特征等，无一不展现着这种特定的文化。东方人的典雅，西方人的奔放，分别源自两种截然不同的文化风貌。易见，不同的社会环境，社会制度及文化价值观念会导致人的性格也不尽相同，人这一生都在被文化化，人终其一生都

---

① 王炳照. 中国古代传统文化与人格养成教育［J］. 河北师范大学学报（教育科学版），1998（1）：22－24.

② 王晖. 罗兰文集［M］. 吉林：吉林摄影出版社，2000：40.

在"养成"中。

养成教育重在知行合一。朱熹提出:"知、行常相须,如目无足不行,足无目不见。论先后,知为先;论轻重,行为重。"① 他认为,在道德的养成中,认知与行为二者相互依存,互相促进。道德认知先于道德行为,但道德行为重于道德认知。周敦颐也提出:"圣人之道,入乎耳,存乎心,蕴之为德行,行之为事业。彼以文辞而已者,陋矣!"② 意思是说,在道德养成中,圣人之道既要入耳,存心,更需躬行实践才可以成就为事业,若只是徒然标榜以夸耀其学识,就太鄙陋不堪了。其实,历史上许多思想家都秉持这一观念——知行合一。道德认知应落实到道德行为才真正具备提升德性和完善品格的意义。若要对一个人的道德品格进行考察,则不仅要听其言,还需观其行,且重在考察其行为表现,考察其知行是否合一。道德养成的最高境界是通过人的行为呈现人内心的美德。而道德问题多是呈现于道德行为的失范,这在很大程度上是因为"知行不一",也就是道德认知与道德行为的断裂。例如明知故犯、知而不行等,这是人的内心的认知与外化的表现相剥离。因此,传统的养成教育更多地强调行为与习惯的养成。另外,在行为与习惯的实践中,朱熹提出应始于日常与细微,他在《童蒙须知》中对孩童的日常生活、言行举止等都作了具体的规定。此外,朱熹认为注重道德行为的实践,日积月累便能习惯成自然,即:"行之久,则与自家为"③。

3. 文明素养养成教育

文明素养养成教育就是将新时代人的"文明素养"与中国传统教育思想的"养成教育"相结合,以"养成教育"促进新时代人的"文明素养"的提升。

文明素养养成教育就是对人的"精神长相"进行教育与养成,这种

---

① [宋] 朱熹. 朱子全书:第十四册 [M]. 朱杰人,等主编. 上海:上海古籍出版社,合肥:安徽教育出版社,2002:298.

② [宋] 周敦颐. 周敦颐集 [M]. 北京:中华书局,1990:39.

③ [宋] 朱熹. 朱子全书:第十四册 [M]. 朱杰人,等主编. 上海:上海古籍出版社,合肥:安徽教育出版社,2002:386.

"精神长相"主要体现在"行为习惯"与"思维方式"等方面。文明素养养成教育的目的是使这种文明的行为习惯与思维方式内化到个体的人格之中，最终呈现出一副文明的样态。文明素养养成教育是"教育"更是"养成"。传统养成教育其隐蔽性特征使文明素养养成教育也有类似特点。除直接与文明相关的德育知识教育外，文明素养的养成应该予以间接性教育（或称隐性教育）更多的关注，同时，依照传统的养成教育的方法，文明素养养成教育应注重文明行为的实践。

当然，文明素养养成教育还内含着自我教育。这种自我教育要通过教师的教育、指导，社会其他组织机构的帮助、调节，家庭成员的鼓励等，在此基础上发挥自我的主体性、积极性，从而进行自我管理，自我教育。可以说，自我教育的开展需要将周围的外部环境完全考虑进来，是各领域、各环境的"联动"与"合力"在个体上的最终呈现。因此，文明素养的养成首先应注重公共场所的隐性教育功能，也要注重学校、家庭的基本文明素养教育，同时，更要注重青少年的自我教育。文明素养养成教育应观照各种情境，培育多重文明素养。其一，以家庭为培育情境，要以文明行为习惯的养成为培育目标，同时，让孩子在伦理道德、思想境界等方面养成良好的思维习惯，使其逐渐形成良好的文明素养。其二，以学校为培育情境，则要根据学生各自的心理特点，采用多种方式来教育、巩固及强化学生良好的文明行为，使其形成习惯，同时，矫正学生的不文明行为，最终达到养成良好的文明行为习惯的目的。

新时代背景下，青少年文明素养养成教育范型可分为基础型与理想型。基础型包括仁爱与友善，真诚与守信，明理与守法，自强与节俭；理想型包括内涵天人合一理念的生态人格，以天下兴亡匹夫有责为取向的家国情怀，彰显天下大同理想的人类命运共同体意识，以至美至乐为最高境界的艺术的人生。

第二节　新时代青少年文明素养养成教育的理论基础

新时代青少年文明素养养成教育属思想政治教育领域，因此，必须以马克思主义理论为指导。同时，新时代青少年文明素养养成教育又属道德教育范畴，道德教育有其时空性，而中国传统文化是中华民族生生不息的源泉，其中许多价值观念是人类永恒的追求，因此，新时代青少年文明素养养成教育又必须以中华优秀传统文化为依托。此外，西方在德育及其相关研究上有着丰硕的理论成果可供借鉴。

一、马克思主义理论的指导

"现代思想政治教育学的理论基础是马克思主义，坚持以完整准确的马克思主义的科学体系为根本指导思想，是现代思想政治教育学能够得以建立和健康发展的根本条件，也是实现思想政治教育科学化的根本保证。"①

马克思主义理论的一个重要理论品质就是与时俱进，以马克思主义理论为指导的思想政治教育因此也必然要与时俱进，要与社会主义政治、经济、文化的发展相适宜，既要体现社会主义的发展方向，又要为其提供强大的思想动力。具体而言，我们要高举马克思主义伟大旗帜，意志坚定地走中国特色社会主义道路，时刻提醒自己用马克思主义最新的理论成果武装头脑，学习并贯彻好习近平新时代中国特色社会主义思想，弘扬社会主义核心价值观。中国特色社会主义理论体系的丰富发展和实践探索已经向世人昭示，这是一个科学的理论，它指导中国进行伟大的社会主义建设并取得了巨大成功。而这一理论也告诉世人必须从实际出发，坚守马克思主义的立场，形成马克思主义的观点并学会运用马克思主义的方法来分析和解决问题。

---

① 张耀灿，郑永廷，等．现代思想政治教育学［M］．北京：人民出版社，2001：42.

人的本质理论和人的全面发展学说是马克思主义理论中的两大重要理论，同时这两者为我们开展思想政治教育研究，尤其为开展人生意义与价值的研究提供了理论指导。事实上，我们可以发现经典马克思主义理论和中国化马克思主义理论都是以人为中心，关注人的本质，关注个体的人，并将人的自由全面发展作为最终目的，即："每个人的自由发展是一切人的自由发展的条件"①。与此同时，这也正是马克思主义对社会主义的本质要求："我们进行的一切工作，既要着眼于人民现实的物质文化生活的需要，同时又要着眼于促进人民素质的提高，也就是要努力促进人的全面发展。"②可以说，马克思主义理论体系其实质是一门关于人学的理论体系。因此，我们要大力发展生产力，最大限度地满足人民日益增长的美好生活的需要。同时，要提高人的各项能力与综合素养，从而使精神生活得以丰富与满足，使每个人的自由和个性得到全面的发展。总之，"人"是我们发展的目的，人的全面发展是我们奋斗的目标。

二、中华优秀传统文化的依托

在上节中，我们论述了文化与文明的关系，证明了文明是文化的高级形态。由此，人可以通过文化达至文明，也就是说，文化蕴含着独特的育人功能。文化的育人功能在于文化不仅在价值上具有导向功能，在行为上具有约束功能，文化还能团结、凝聚一个民族。就中华优秀传统文化而言，它蕴含着丰富的文明素养养成教育的素材。中华民族自古以来就被誉为礼仪之邦，明礼重礼是中国古代社会的道德规范，也是传统社会文明的象征。此外，古人对"和"的向往不仅体现着人际和谐，更是体现着人与自然的和谐发展的价值取向。而国人自古以来与逆境进行顽强抗争的自强精神也团结并激励着世代中华儿女。"天下兴亡，匹夫有责"的爱国主义精神更是彰显了古人的家国情怀。可以说，"道仁义、明人伦、重教化"的中华优秀传统文化就其本质而言是一种注重彰显伦理价值与德性意蕴的道德文化。

---

① 马克思恩格斯选集：第一卷［M］．北京：人民出版社，2012：422.
② 中共中央文献研究室．十五大以来重要文献选编：下［M］．北京：人民出版社，2003：1925.

基于其道德教化旨趣以及新时代青少年文明素养培育的需求，习近平总书记明确指出："不忘本来才能开辟未来，善于继承才能更好创新，我们要努力用中华民族创造的一切精神财富来以文化人、以文育人。"① 因而，中华优秀传统文化是新时代青少年文明素养养成教育的价值源头，具有独特的不可替代性。

除此之外，人的文明具有内在的文化属性，彰显着孕育这个人的文化，因而以中华优秀传统文化培育青少年文明素养不仅能够传承优秀传统文化，并予以不断创新，还能解决人的异化问题，有效应对现代性危机，增强文化自信。习近平总书记在党的十九大报告中强调："深入挖掘中华优秀传统文化蕴含的思想观念、人文精神、道德规范，结合时代要求继承创新，让中华文化展现出永久魅力和时代风采。"② 毫无疑问，在进行文明素养养成教育时，对传统文化进行创造性转化和创新性发展不仅能够激活传统文化的生命力，更是能够解决传统文化传承中存在的断裂问题。此外，坚持以中华优秀传统文化为新时代青少年文明素养养成教育的依托还能够应对现代性带来的道德难题，增强文化自信。自启蒙运动以来，受西方式现代化的影响，精致利己主义、拜金主义，以及享乐主义等诸多消极的思想观念逐渐在我国蔓延。对于西方式现代化的盲目崇拜导致许多人将一些优秀的传统价值理念斥为落后，这无疑严重地冲击了我们的文化自信。习近平总书记在党的十九大报告中指出："文化是一个国家、一个民族的灵魂。文化兴国运兴，文化强民族强。没有高度的文化自信，没有文化的繁荣兴盛，就没有中华民族伟大复兴。"③ 在现代性道德危机之下，我们要坚持以中华优秀传统文化为依托，不断提升青少年文明素养，提升国人的文化自信，以应对西方式现代化造成的现代性道德危机。

---

① 习近平. 习近平谈治国理政：第一卷［M］. 北京：外文出版社，2014：164.
② 习近平. 在中国共产党第十九次全国代表大会上的报告：决胜全面建成小康社会 夺取新时代中国特色社会主义伟大胜利［R/OL］.（2017－10－27）［2017－10－27］. https：//www. gov. cn/zhuanti/2017－10/27/content_ 5234876. htm.
③ 习近平. 在中国共产党第十九次全国代表大会上的报告：决胜全面建成小康社会 夺取新时代中国特色社会主义伟大胜利［R/OL］.（2017－10－27）［2017－10－27］. https：//www. gov. cn/zhuanti/2017－10/27/content_ 5234876. htm.

总而言之，中华优秀传统文化是中华民族的命脉，且事实上，中华优秀传统文化也早已"根植在中国人内心，潜移默化影响着中国人的思想方式和行为方式"①。因而毫无疑问，新时代中国特色社会主义道德建设、公德建设以及青少年文明素养养成教育应汲取中国传统文化中的优秀因子。

三、西方文化优秀元素的借鉴

西方教育从古希腊时期开始便有着很明确的德育倾向。尤其到二十世纪时期，西方道德教育理论大放异彩。教育学、哲学、心理学等学科的学者在各自的领域对人的道德及品格的发展进行了相关论述，并形成了许多德育理论，这些理论对于我国新时代青少年文明素养的培育具有一定的借鉴意义。

1. 注重道德认知培育的道德发展认知理论

在西方德育理论中，以认知结构心理学为基础的道德发展认知理论最负盛名，其代表人物为科尔伯格。基于皮亚杰关于儿童道德判断的发展思想，科尔伯格更多地关注道德在个体身上主动性发展的过程。在他看来，德育不应是背记道德条例，也不应是强迫纪律，德育应坚持培育与发展人们的道德推理能力以及道德思维能力。他认为，同智育的机制一样，德育也应该以激发道德判断力与道德决策力为基础，同时，他还提出了"三水平，六阶段"的德育发展论，并认为道德发展的每一个阶段都是道德教育的必经阶段。道德发展认知理论将道德判断与道德行为视为一种认知过程，这个过程始于低级的"前习俗水平"，在这个过程中，人的道德认知向高级阶段不断发展，最终达到"普遍伦理原则定向阶段"。

2. 注重道德行为塑造的新行为主义理论

新行为主义理论强调学习的重要性，认为人为了适应时代的变化必须不断地学习，人的行为的最终改变直观地显示出了学习的结果。同时，"学习"在很大程度上受外部环境的影响，行为的学习过程就是个体在受到特

---

① 习近平. 青年要自觉践行社会主义核心价值观——习近平在北京大学师生座谈会上的讲话 [N]. 光明日报，2014－05－04（02）.

定外部环境的刺激下产生相应反应，从而获得新的知识与经验的过程。斯金纳批判地继承和发展了"行为主义理论"并提出"操作性条件作用理论"，在他看来，"学习"的过程不仅是关于行为的新知识经验的习得，更应该是已有知识与经验的"强化"与"固化"。"强化"会增加这一行为出现的概率，进而将这一行为与特定的情境联合起来，并在这一情境内"固化"该行为。他曾提出，人的行为可以被预测，并在一定程度上能被他人所决定和控制，只要我们能够发现某些可以被详细列举出来的条件。因此，在他看来，通过操作外部环境以及对人的行为进行正向"强化"能设计、改变人的不当行为，也就是说，"人性"是可以后天重塑的，通过采用控制行为的办法可以使得生活在特定社会背景下的人的行为呈现良好的样态。

3. 重视榜样示范的社会观察学习理论

"社会观察学习论"主要强调通过观察社会上的楷模人物的行为来进行学习，尤其是模仿和学习楷模人物身上所呈现出的高尚的德行。该理论试图阐明人如何在社会实践中观察"楷模人物"，习得他们的行为，发展并形成自身的良好品格。这些"楷模人物"包括老师、家长、同伴及其他模范人物。"观察学习理论"认为人的行为是其内心意志与客观环境相互作用的结果，即人的思想和行为不仅与具体的直接经验相关联，而且与间接经验也密不可分。显然，"观察学习"是一种间接经验，即通过观察别人的行为从而获取经验并学习如何行为，塑造自身。"观察学习"并非机械地模仿"楷模人物"的言行举止，而是一种间接性与预测性的行为模仿学习，简单地说，就是学习者对他人的行为及行为引发的结果在自己身上重现的可能性进行预测与估量，并以此决定自己应该如何行动。

4. 强调个体主动性的建构主义学习理论

建构主义学习理论主要以构建个体内部的认知结构为中心，主张强调发挥学习者自身的主观能动性在建构认知结构中的重要作用。该理论基于对传统学习方式的反思，重新审视"学习"这一行为，认为"学习"是个体的主动行为，即知识并非由被动学习而获得，而是个体主动建构的结果。其强调学习的个体并非被动地接受知识，相反，他们应该是作为主体对知识与信息进行加工处理，学习者是理解与意义的主动建构者，任何人都无法替代这一建构过程。在建构主义学习理论中，教育者不再被认为是知识的权威，而只是帮助受教育者理解建构意义的推动者。建构主义学习理论最早由皮亚杰提出，在他看来，知识是无法从外部世界中直接获取的，内因和外因共同构成了影响儿童认知发展的两大制约因素，儿童主要通过与外部环境的互动交流来了解世界，从而正确地认知外部世界，同时建构起内心的认知结构。这一理论核心在于学习者是学习过程的核心因素，对于知识要有主动且积极探索的精神，以其已有经验来理解并建构知识。

5. 关注潜意识的精神分析理论

精神分析学派以人格结构为分析的核心，在道德领域引入心理学观点和方法。其代表有弗洛伊德与弗洛姆。弗洛伊德注重人的"潜意识"领域的研究。他曾提出"性本能"冲动这一概念，并认为这是人类一切行为的初始根据，因而得出人性与道德相悖的结论。弗洛伊德提出的"性本能"观点打破了自启蒙时代以来"理性"至上的观念，"理性"至上的观念认为人的道德行为完全是人类理性自觉的结果，正因为有了理性，人类道德行为才具有了崇高的尊严。弗洛姆关于道德心理的分析则建立在更广泛的社会文化背景之上，认为人的道德行为并非基于弗洛伊德的"性本能"理论，而是基于人的文化与品格。在此基础上，弗洛姆建立并发展了人道主义伦理学说。一方面，道德冲突作为一项事实，在弗洛姆那里得到了肯定，同时，他强烈地谴责了现代西方文明，认为这种文明压抑了人性；另一方面，弗洛姆又是一个理想主义者，他对人类的理性与爱满怀信心，对人类的未来表现出了积极乐观的态度，他倡导并构建了一整套"爱的艺术"的相关理论。他相信爱与理性能帮助人类实现真正的人道主义生活。

6. 关注经验的生活德育论

杜威的"生活德育论"主要以"经验"为核心来探究人的道德学习与成长过程。这一理论关注道德与生活的内在联系，将生活经验视为道德学习的起源，认为德育应起源于经验，并经由经验而促使个体的生活逐渐合乎道德。因此，道德学习最基础的形式就是在生活经验中进行学习。对人类而言，这种学习是一种最为自然的学习方式。因为人的最基本的存在方式就是经验的持续展开，同时，人们逐步参与、融入社会生活也一定基于经验。杜威批判了赫尔巴特的说教和"道德灌输"的德育方式。在他看来，德育不仅仅是教会学生一整套道德相关的知识，也并非仅仅培育学生特定的道德行为。好的德育应当是以我们身边具体的"生活情境"为德育载体，引导并提倡学生们自觉地进行"有道德的生活"，让学生通过感知这种"生活情境"，切身去体悟道德，从而能够更好地接受道德。

第三节　新时代青少年文明素养养成教育的时代必然性

人的发展与社会的发展是一个统一的过程。人，作为现代化事业的主导者与建设者，其综合素质直接决定着现代化建设的成功与否。因此，青少年文明素养养成教育是人的现代化的内在需求，是培养时代新人使然，也是新时代青少年成人成才的必然。

一、人的现代化的内在需求

1. 何为现代化

罗荣渠先生曾经指出，广义而言，现代化"是指人类社会从工业革命以来所经历的一场急剧变革"①。罗先生认为，工业化是推动现代化的一大重要因素，由于这种工业化渗透到了其他各个领域，从而引起了人类社会的现代化。不难发现，现代化潜藏着足以改变世界的巨大能量，这个能量主要体现在社会经济、文化等各个领域。当下经济迅猛发展、社会飞速进步、生活便捷无一不归功于"现代化"。

"现代化"（Modernization）并非一个本土的词汇。借用前文关于"文化"的阐释逻辑，"现代化"就其本身而言，可以被理解为"向现代而化"，

---

① 罗荣渠. 现代化新论——世界与中国的现代化进程［M］. 北京：商务印书馆，2017：17.

即朝着"现代"这一方向发展、变化。"现代化"的主体一般被认为是社会、国家或者科学技术和人。那么"现代"究竟是哪个方向呢?"现代"与"古代"相对,反观中国古代社会不难发现,"现代"与"古代"差异巨大,主要表现在生产力水平和科学技术水平,以及人的思维方式与人的生活方式等方面。在古代,生产力水平及科学技术水平相对较低,交通不便,人们获取信息的能力有限,教育水平不发达,整个社会的文明程度较今天相对落后,人们的生活方式与思维方式也相对传统。随着生产力水平的极大提高,科学技术水平等都得到了发展,工业产值、人的受教育程度、城市化率等成为了现代化进程中的重要指标。这些指标可以被看作是现代化的外显表征,这些表征均是人类在改造自然界的过程中取得的进步与成果。

习近平总书记在党的二十大报告中提出了"中国式现代化"概念:"在新中国成立特别是改革开放以来长期探索和实践基础上,经过十八大以来在理论和实践上的创新突破,我们党成功推进和拓展了中国式现代化。中国式现代化,是中国共产党领导的社会主义现代化,既有各国现代化的共同特征,更有基于自己国情的中国特色。"① 中华民族在世界历史的进程中为重塑文明进行了创造性探索,成功走出了中国式现代化道路。与西方资本主义现代化道路不同,中国式现代化是人口规模巨大的现代化,是全体人民共同富裕的现代化,是物质文明和精神文明相协调的现代化,是人与自然和谐共生的现代化,是走和平发展道路的现代化②,中国式现代化具有深厚的中华文明底蕴和鲜明的社会主义特色,是超越了西方现代化道路的重要探索,因而也打破了"现代化就是西方化"这一种根深蒂固的偏见。

2. 现代化的本质是人的现代化

英格尔斯曾指出,一个社会无论在制度、管理等方面显得多么的现代

① 习近平. 在中国共产党第二十次全国代表大会上的报告:高举中国特色社会主义伟大旗帜为全面建设社会主义现代化国家而团结奋斗 [R/OL]. (2022 - 10 - 25) [2022 - 11 - 01]. http://www. gov. cn/xinwen/2022 - 10/25/content_ 5721685. htm.
② 习近平. 在中国共产党第二十次全国代表大会上的报告:高举中国特色社会主义伟大旗帜为全面建设社会主义现代化国家而团结奋斗 [R/OL]. (2022 - 10 - 25) [2022 - 11 - 01]. http://www. gov. cn/xinwen/2022 - 10/25/content_ 5721685. htm.

化，只要这个社会中的绝大多数人在思想观念或行为方式上没有完成现代化转变，他们就无法与现代化的政策相适应，则这个社会的现代化也只是徒有虚表。

诚然，资本与工具理性合力揭开了人类社会现代化进程的历史序幕，冲破了封建神学的束缚，构建起了一种现代化的新型的生产生活关系。但资本的最终目的在于逐利。资本主义生产的内在限度注定了西方式现代化在人类命运呈现为共同体的今天也必然达到了其极限，无法与全球化的客观要求相契合。人，作为推动社会发展的主体，在以资本逻辑为主导的西方资本主义现代化的进程中，呈现出了单向度的发展趋势。人与自身、人与他人、人与社会以及人与自然的关系全面异化。然而，现代化作为追求人之解放的实践样态，其本质必然是实现人的"自由而全面的"现代化发展，也就是说，现代化旨在塑造"整全的人"。西方资本主义"以物为本"的现代化使得它永远也无法实现这一目标。而以"实现高质量发展，发展全过程人民民主，丰富人民精神世界，实现全体人民共同富裕，促进人与自然和谐共生，推动构建人类命运共同体，创造人类文明新形态"① 的中国式现代化契合了现代化发展的本质要求，开创了一种新型的现代化建构路径，扭转"物本逻辑"为"人本逻辑"。遵循"人本逻辑"的中国式现代化以人的自由而全面的发展为最终目标，以实现全体人民的物质与精神的双重解放为方向。此外，人是生产力要素中最活跃的因素，基数庞大且文明素养程度高的国民是推动社会发展最坚实的依靠。

事实上，人的发展与社会的发展并非是对立的，相反，它们是一个统一的过程，而且这一过程是一个渐进的、具体的历史过程。马克思以人的发展规律与状态为依据，将社会的运行与发展依次划分为渐进的三个阶段，在不同的阶段里，人的需求与生存状态存在着差异，其所追求的目标也不一样。在初级阶段，人为保障其生存，首先是简单的物质需求，如衣食住行等。随着社会发展，生产力的提高，人生存的基本需求得到满足，才慢

---

① 习近平. 在中国共产党第二十次全国代表大会上的报告：高举中国特色社会主义伟大旗帜为全面建设社会主义现代化国家而团结奋斗［R/OL］.（2022－10－25）［2022－11－01］. http://www.gov.cn/xinwen/2022－10/25/content_ 5721685. htm.

慢地寻求着其他多方面的需求，如物质交换等。在这个阶段，人自主意识增强，自由度有所增加，但还不足以称为理想社会。随着社会进步，现代化全面推进，尤其是科学技术力量蓬勃发展，社会物质财富极大丰富，人的自由度以及人的全面发展才有可能实现。可见，人的现代化与社会的现代化是一个统一过程中的两个因素。而作为推动社会现代化发展最具决定性与创造性的力量，人的现代化才是现代化的本质。

3. 人的现代化重在提升人的文明素养

英格尔斯在其著作《人的现代化》中表示，"现代"是一种"文明的形式"，这种"文明形式"应体现出一种特定的时代特征，同时，他还指出"现代性"是一种"精神状态"，因此，可以说人的现代化就是要体现人的一种与特定时代"文明的形式"（或称时代特征）相符合的"精神状态"，而在"新时代"的今天，人的现代化则是要体现出一种与新时代"文明的形式"相符合的"精神状态"，即新时代人的文明素养。英格尔斯在书中还归纳了人的现代化的特征，其中包括"尊重不同意见与看法""守时惜时""可信任""尊重和自尊""平等守法"[①] 等。这些特征在今天依旧是人的文明素养需要培育的内容。因此，人的现代化重在提升以上特征。除此之外，新时代还有"人类命运共同体"等时代特征，这些特征统称为新时代人的文明素养。

现代化的建设，不仅指物质文明的累积与丰富，更指精神文明、社会文明的丰富与发展。而社会文明的发展程度最终取决于人的文明素养。如果没有人的文明素养的提高，作为现代化的核心，人的现代化也就难以实现，从而也就无法实现真正意义上的现代化。人的良好的精神风貌、积极心态、善良品性、文雅举止等，是现代化建设的应有指标，也是一个文明社会应有之义。

---

① ［美］英格尔斯. 人的现代化［M］. 殷陆君，编译. 成都：四川人民出版社，1985：18－36.

二、培养时代新人使然

根据社会生产方式的发展与变迁，马克思提出了每个时代都要培育自己时代的新人。依据 18 世纪社会实际情况，恩格斯曾指出，新发展"需要完全不同的人，并将创造出这种人来"①。在恩格斯看来，当时那个社会状况所需要的新人是"能够很快熟悉整个生产系统"的人，这些新人还能根据"社会需要或者他们自己的爱好，轮流从一个生产部门转到另一个生产部门"②。当然，处在不同的时代，关于时代新人的标准也不尽相同，但对不同时代的人都有着特定的要求与希望。"新人"不仅仅是社会变迁和科技进步所赋予一些人的时代标签，更是一批亲自见证时代飞速发展的历经者，同时也是一个新的时代的开拓者。

中国共产党在带领全国人民写下百年传奇的历程中，顺应时代的要求，沿着"无产阶级革命新人""共产主义新人""'四有'新人""时代新人"的演进路径，为中国特色社会主义现代化事业培育了一代又一代建设者与接班人，始终坚持以实现人的自由而全面的发展为奋斗目标。

辛亥革命推翻了封建王朝的统治，打破了传统的政治经济文化秩序。但伴随着此后政治制度的频繁变革，国民们在观念和举止上一度陷入了混乱。"五四运动"的开启逐步觉醒了中国人的"新人"意识。由于西方"自由""民主"等观念的引入，以及救亡图存的历史任务，五四时期的新青年呈现出双重属性。一方面强调独立、自由的人格特征，另一方面又强调国家意识与民族精神。1937 年，毛泽东同志为陕北公学成立题词指出："要造就一大批人，这些人是革命的先锋队。这些人具有政治远见，这些人充满着斗争精神和牺牲精神。这些人是胸怀坦白的，忠诚的，积极的，正直的。这些人不谋私利，唯一的为着民族与社会的解放。这些人不怕困难，在困难面前总是坚定的，勇敢向前的。这些人不是狂妄分子，也不是风头主义

---

① 马克思恩格斯选集：第一卷 [M]. 北京：人民出版社，2012：307.
② 马克思恩格斯选集：第一卷 [M]. 北京：人民出版社，2012：308.

者，而是脚踏实地富于实际精神的人们。"① 这就是五四时期的新青年，也就是"无产阶级革命新人"。

中华人民共和国的成立为中国式现代化道路开启了新的篇章。1940 年，毛泽东同志在《新民主主义论》中指出，"在这个新社会和新国家中，不但有新政治、新经济，而且有新文化"②，因而需要，并且也将培育符合这个时代发展的"新人"。在对资本主义工商业的社会主义改造中，毛泽东同志明确表示，"社会主义改造有两方面：一方面是制度的改造，一方面是人的改造"③，在谈及新中国的教育事业的发展时又进一步强调了"我们的教育方针，应该使受教育者在德育、智育、体育几方面都得到发展，成为有社会主义觉悟的有文化的劳动者"④。毛泽东同志为培育"社会主义新人"指明了方向。显然，作为社会主义建设者的"社会主义新人"要学好科学文化知识，身体健康并热爱劳动，要有社会主义的高尚情操，要以国家利益、集体利益为先，公正无私、先人后己，要有民主意识且充满斗争精神等。

党的十一届三中全会拉开了改革开放的序幕。在中国共产党的领导下，我们迎来了近代以来最为广泛且最为深刻的大规模现代化建设，成功探索出了中国式现代化新道路，并提出要培育有理想、有道德、有文化、有纪律的"四有"新人。"四有"中"有理想"是首要标准。邓小平同志曾明确指出："我们有理想，有马克思主义信念，有共产主义信念。""要特别教育我们的下一代下两代，一定要树立共产主义的远大理想"⑤；"有道德"是基本要求。在 1978 年的全国教育工作会议上，邓小平同志指出："我们的学校是为社会主义建设培养人才的地方。"社会主义建设所需的人才"就是毛泽东同志说的，应该使受教育者在德育、智育、体育几方面都得到发展，成为有社会主义觉悟的有文化的劳动者"⑥。1983 年 5 月 4 日，邓小平

---

① 中共中央文献研究室. 毛泽东年谱（一八九三——一九四九）：中卷 [M]. 北京：中央文献出版社，2013：34.
② 毛泽东选集：第二卷 [M]. 北京：人民出版社，1991：663.
③ 毛泽东选集：第五卷 [M]. 北京：人民出版社，1977：443.
④ 毛泽东选集：第五卷 [M]. 北京：人民出版社，1977：385.
⑤ 邓小平文选：第三卷 [M]. 北京：人民出版社，1993：110.
⑥ 邓小平文选：第二卷 [M]. 北京：人民出版社，1994：103.

号召广大团员青年学习张海迪"做有理想、有道德、有文化、守纪律的共产主义新人!"① 从"有社会主义觉悟"到做"共产主义新人",都是在强调坚持社会主义、共产主义道德;"有文化"是重要条件。由于要进行现代化建设,社会主义新人因而需要具备较高的科学文化素养。"四个现代化靠空谈是化不出来的"②,自然科学需要"赶快补课",社会科学研究要加强;"有纪律"是重要保证。"中国要坚持社会主义制度,要发展社会主义经济,要实现四个现代化,没有理想是不行的,没有纪律也是不行的。"③ "没有理想,没有纪律,就会像旧中国那样一盘散沙,那我们的革命怎么能够成功?我们的建设怎么能够成功?"④ 1977 年,邓小平同志谈到高考招生中的政审条件时明确表示,政审"主要看本人的政治表现。政治历史清楚……"⑤ "有纪律"显然就是指政治纪律与政治表现。

当下进入新时代,面对国内外形势发生的深刻变革,习近平总书记在党的十九大报告中明确提出"培养担当民族复兴大任的时代新人"⑥。自此,时代新人的培育要求人的现代化进入一个新阶段,新阶段要求时代新人要怀有高度的责任感与使命感,能担当起社会发展的重任,同时,具有较高的文明素养,以至肩负起民族复兴的重任。对此,习近平总书记在 2018 年全国教育大会上明确提出"培养德智体美劳全面发展的社会主义建设者和接班人"⑦。新时代对时代新人提出了新的要求,即"全面发展",同时,还确立了培养时代新人的目的,即建设社会主义。因此,能够承担起建设社会主义重任且"全面发展"的时代新人,其文明素养的养成不可或缺。

---

① 中共中央文献研究室. 邓小平年谱(一九七五—一九九七):下卷 [M]. 北京:中央文献出版社,2004:907.

② 邓小平文选:第二卷 [M]. 北京:人民出版社,1994:181.

③ 邓小平文选:第三卷 [M]. 北京:人民出版社,1993:124.

④ 邓小平文选:第三卷 [M]. 北京:人民出版社,1993:111.

⑤ 邓小平文选:第二卷 [M]. 北京:人民出版社,1994:69.

⑥ 习近平. 在中国共产党第十九次全国代表大会上的报告:决胜全面建成小康社会 夺取新时代中国特色社会主义伟大胜利 [R/OL]. (2017 – 10 – 27) [2017 – 10 – 27]. https://www. gov. cn/zhuanti/2017 –10/27/content_ 5234876. htm.

⑦ 习近平. 坚持中国特色社会主义发展道路 培养德智体美劳全面发展的社会主义建设者和接班人 [N]. 人民日报,2018 –09 –11 (1).

习近平总书记在纪念"五四运动"100周年大会上指出："一代人有一代人的长征，一代人有一代人的担当。建成社会主义现代化强国，实现中华民族伟大复兴，是一场接力跑。"① 时代新人理应担负起民族复兴的历史重任，将个人命运与时代、与国家相连，时代新人应具有家国情怀，传承中国风格，打造中国气派。同时，时代新人也需具备国际视野、全球意识以及世界眼光。新时代的时代新人是马克思主义对人民主体地位的重视，是中国共产党始终坚持培育"社会主义新人"的愿景，更是时代发展对人的文明素养的希冀与要求。

三、新时代青少年成人成才的必然

"修身、齐家、治国、平天下。"古人把"修身"列于首位，认为修身是"齐家、治国、平天下"的前提。"修身"即"修养"，包括文明素养，可以说，文明素养是成人成才的基础。

教育从本质上来说是人的教育，中西方学者最初都将教育立足于人的德性等方面的修养，认为教育应关注"成人"与"成才"两方面。所谓"成人"，即"使人成"，也就是"造就人"，培育炼就人。"成人"的过程是人被文化化、被社会化的过程，在这个过程中人便从自然人成为了社会人。因此，人在其生存与发展中，首先要求与社会相适应，人的思维、观念与行动要与社会要求相符合，这就是人的社会化过程。所谓成才即指成为人才。人才的特点在于有一定的专业知识，有较高的专业技能，他们能在各类社会生产实践活动中，凭借自己创造性的劳动，在认识与改造自然及社会的过程中，对社会的进步与人类文明建设做出较大的贡献。人才的培养最终要使其走向社会、组成社会、回馈社会、建设社会。在这个过程中，教育是一个重要方面，教育的成功与否必然反映在社会的发展是否健康、人的素养是否文明之中。所以，在教育过程中，我们必须时时记住，教育首先要关注青少年的文明素养。可见，以"成人""成才"作为培养目标和价值取向的当代教育，应关注青少年文明素养的培育。因此，基础教

① 习近平. 在纪念五四运动100周年大会上的讲话 [N]. 人民日报，2019–05–01（1）.

育，作为现代社会人人都要接受的最低限度的教育，需要更多地关注人的文明素养的培育，而非专注于专业技能与职业素质培训。因为，一个人必须先学会如何做人，才能在其未来成就一番事业，回馈社会，即先"成人"再"成才"。因此，文明素养直接关系着青少年"成人""成才"。

总之，人才是国之根本，而人的综合素养状况又是人才之关键。作为新时代时代新人的青少年群体，他们都担负着民族复兴的历史重任，都有着严格的文明素养要求和期待。具体而言，新时代的时代新人的标准既包括政治标准，也包括能力要求，更有素养追求；既要心存理想信念，也要身怀知识技能，更要涵养良好的文明素养。所以，我们在培育时代新人的过程中，文明素养的培育不可缺席。英国著名的道德学家斯迈尔斯曾说："维持一个民族的品格，不能单靠制度，不管它自身有多完美。而人们高尚的精神，对民族美德的形成和保持却很关键。"① 显然，社会文明离不开个人文明，人的文明素养的提升与否直接关系着社会文明进步的程度。个人的文明素养程度，从微观层面看，关系到其自身形象，影响其人际关系，从而影响个体成人成才；从宏观层面看，公民文明素养水平的高低在一定程度上折射出其所在国家的文明程度。因此，个体的文明素养促进了整个社会的文明，而社会文明的进步与提升又将向社会成员提出更高的要求，并促进社会成员文明素养的进一步提升。

---

① ［英］塞缪尔·斯迈尔斯. 品格的力量［M］. 赵志明，译. 广州：广东旅游出版社，2013：35.

第二章
新时代青少年文明素养养成教育的实证研究

新时代青少年文明素养养成教育实证研究重点关注包括在校的大、中、小学生以及社会青年在内的青少年群体。这一群体是庞大的，也是变动的。以青少年为主体开展调查与研究能在一定程度上反映出国民文明素养现状。

第一节　新时代青少年文明素养养成教育问卷调查与分析

笔者在这一部分对不同地域、不同教育层次、不同年龄层次的青少年群体开展了文明素养现状的问卷调查，并就青少年文明素养基本情况进行了系统性分析，力图以点带面，尽可能使读者能够较为全面地了解当下我国青少年文明素养的基本情况。本次实证研究表明，我国青少年文明素养整体情况较好，但在规则秩序意识、环保节约意识等方面仍有待加强。

一、青少年文明素养问卷设计与调查

本次实证研究针对不同年龄层次及不同教育层次的青少年设计了四类问卷：

1. 青年大学生文明素养调查问卷；
2. 青年（非学生）文明素养调查问卷；
3. 中学生文明素养调查问卷；
4. 小学生文明素养调查问卷。

问卷设计的重点在于调查新时代青少年群体文明素养方面的基本情况，主要包括青少年对自身及所在群体的整体文明素养的评价、对文明素养培育的态度、个人文明素养表现情况、不文明行为的主要成因以及如何提升青少年文明素养等。从形式上看，青年大学生文明素养调查问卷共有问题10道，均为封闭式问题，其中第5题为矩阵单选题，该题共6项内容，量表采用里克特5点计分法；青年（非学生）文明素养调查问卷共有问题13道，均为封闭式问题，其中第7题为矩阵单选题，该题共10项内容，量表采用里克特5点计分法；中学生文明素养调查问卷共有问题4道，均为封闭式问题，其中第2题为矩阵单选题，该题共10项内容，量表采用里克特5点计分法；小学生文明素养调查问卷为1道矩阵单选题，共15项内容，其中前12项量表采用里克特3点计分法，13~15项为"是否"题。

二、青少年文明素养调查问卷统计方法与数据分析方法

本次研究采用的主要分析方法为定性分析法与定量分析法。

在对数据进行了初步定性分析后，得出青少年文明素养整体水平较高，但在某些方面仍呈现出不足的情况。因此，本研究又进一步采用百分比形式对数据进行了简单定量分析。例如：

第1题　您的性别是？［单选题］

男——2189

女——3311

对于全部5500次访问的回答，本研究简单地统计了每种回答的数目：男2189、女3311，将各项结果计算出百分比，并把结果样本用三线图整理成如表2-1所示：

表2-1　青年大学生文明素养调查问卷第1题

选项	小计	比例
男	2189	39.8%
女	3311	60.2%
本题有效填写人次	5500	—

又例如：

第 2 题　请您对自己的文明素养做一个评价［单选题］

非常满意——2319

比较满意——3098

不太满意——83

对于全部 5500 次访问的回答，我们可以简单地统计每种回答的数目，非常满意 2319、比较满意 3098、不太满意 83，将各项结果计算出百分比，并把结果样本用三线图整理成如表 2-2 所示：

表 2-2　青年大学生文明素养调查问卷第 2 题

选项	小计	比例
非常满意	2319	42.16%
比较满意	3098	56.33%
不太满意	83	1.51%
本题有效填写人次	5500	——

三、青少年文明素养调查问卷分析

1. 青年大学生文明素养调查问卷

本次调查采用整群分层抽样的方法，使用自编问卷对湖南、山西以及广东 3 省 8 所高校 5500 名在校大学生进行线上问卷调查，具体调查时间为 2019 年 12 月 5 日至 12 月 23 日。

表 2-3　青年大学生文明素养调查问卷

第 1 题　您的性别是［单选题］		
选项	小计	比例
男	2189	39.8%
女	3311	60.2%
本题有效填写人次	5500	——

（续表）

第2题 请您对自己的文明素养做一个评价 [单选题]		
选项	小计	比例
非常满意	2319	42.16%
比较满意	3098	56.33%
不太满意	83	1.51%
本题有效填写人次	5500	—

第3题 您认为在校大学生的综合文明素养状况是？[单选题]		
选项	小计	比例
整体较好	2753	50.05%
整体一般	2558	46.51%
整体不佳	189	3.44%
本题有效填写人次	5500	—

第4题 您同意以下哪个观点？[单选题]		
选项	小计	比例
大学生能力培养比文明素养培育重要	586	10.65%
大学生文明素养培育比能力培养重要	951	17.29%
大学生能力培养与文明素养培育同等重要	3945	71.73%
大学生能力培养与文明素养培育都不重要	18	0.33%
本题有效填写人次	5500	—

第5题 个人文明素养表现情况 [矩阵单选题]					
题目\选项	非常符合	比较符合	一般	不太符合	很不符合
遵守交通规则	3396(61.75%)	1822(33.13%)	247(4.49%)	20(0.36%)	15(0.27%)
注意文明用语	2308(41.96%)	2305(41.91%)	788(14.33%)	71(1.29%)	28(0.51%)
守时守信	2991(54.38%)	2096(38.11%)	374(6.8%)	24(0.44%)	15(0.27%)
不在公共场合大声喧哗	3077(55.95%)	1895(34.45%)	460(8.36%)	50(0.91%)	18(0.33%)
不浪费水电等资源	2769(50.35%)	2096(38.11%)	581(10.56%)	37(0.67%)	17(0.31%)
不乱扔垃圾	3516(63.93%)	1654(30.07%)	282(5.13%)	27(0.49%)	21(0.38%)

（续表）

第6题　您是否坚守绿色生活方式？［单选题］		
选项	小计	比例
是	5108	92.87%
否	392	7.13%
本题有效填写人次	5500	—

第7题　您是否信守家国情怀？［单选题］		
选项	小计	比例
是	5454	99.16%
否	46	0.84%
本题有效填写人次	5500	—

第8题　您是否信奉人类命运共同体？［单选题］		
选项	小计	比例
是	5265	95.73%
否	235	4.27%
本题有效填写人次	5500	—

第9题　您认为造成大学生不文明现象的主要原因是？［多选题］		
选项	小计	比例
家庭教育缺失	3647	66.31%
学校教育缺失	2589	47.07%
社会不良风气的影响	4503	81.87%
舆论监督力度不够	2360	42.91%
管理制度不够完善	2711	49.29%
自觉意识不够强	4807	87.4%
其他	1105	20.09%
本题有效填写人次	5500	—

（续表）

第 10 题　您认为哪些方式可以提高大学生的文明素养？ [多选题]		
选项	小计	比例
提升社会文明风气	4570	83.09%
强化网络媒体的宣介	3104	56.44%
强化榜样的引领作用	3654	66.44%
充分发挥文明劝导员的作用	2706	49.2%
建立良好的校园文化氛围	4532	82.4%
开设相关公共课、选修课	2386	43.38%
举办演讲比赛、文明礼仪的讲座等校园活动	2653	48.24%
注重自我修养	4347	79.04%
他人的善意督促与提醒	3260	59.27%
其他	840	15.27%
本题有效填写人次	5500	——

在本次调查中，由于调查对象大多就读于师范类院校及文科专业，因此，女生比例较高，为 60.2%，男生比例较低，仅为 39.8%。从问卷结果来看，青年大学生对自己的文明素养评价整体较高，其中选择"非常满意"与"比较满意"两项的人数总和占总人数的 98.49%，说明青年大学生群体的自我认知较好。但该群体中认为其所在群体整体的综合文明素养状况"整体较好"的仅占全部人数的 50.05%，有 46.51% 的人认为"整体一般"，因而在校大学生的综合文明素养有待提高。

青年大学生文明素养调查问卷显示，有 10.65% 的大学生认为大学生能力培养比文明素养培育重要，另有 0.33% 的学生认为二者皆不重要，可见，在对待文明素养培育的态度方面，虽绝大多数大学生持肯定态度，但仍有 10.98% 的学生并没有认识到文明素养的重要性。因此，在文明素养培育中，首先要让青少年认识到文明素养的重要性，认识到文明素养关乎其成人成才。

个人文明素养表现方面，"遵守交通规则"（有 94.88% 的学生选择"符合"，包括"非常符合"与"比较符合"）与"不乱扔垃圾"（有 94%

的学生选择"符合",包括"非常符合"与"比较符合")优于"守时守信"(有92.49%的学生选择"符合")与"不在公共场所大声喧哗"(有90.4%的学生选择"符合"),"守时守信"与"不在公共场所大声喧哗"又优于"注意文明用语"(仅有83.87%的学生选择"符合")与"不浪费水电等资源"(仅有88.46%的学生选择"符合")。

基于以上数据可以推测,一方面,由于近年来,我国各地都竞相争取"全国文明城市"的称号,城市及市民的文明程度有了很大提升,乱扔垃圾的现象如今已很少遇见,城市的卫生与环境有了很大改善。另一方面,2019年上海市正式实施的垃圾分类工程对全国垃圾分类工作起了带头作用,垃圾分类的宣传与实施在全国各城乡得到普及,人们在对待"如何处理垃圾"这一问题方面有了很大改善,因此,在此次问卷中"不乱扔垃圾"这一行为符合度(仅"非常符合")排在第一位。另外,交通规则是成文的规则系统,违反规则可能会受到处罚,也可能会造成严重的后果,同时,还有技术手段,如利用交通信号灯、行人斑马线等对人的行为加以引导,故"遵守交通规则"这一选项在个人文明素养中表现良好。与前两种行为相反,"注意文明用语"及"不浪费水电等资源"排名靠后可能是因为两种行为均没有形成规则系统,即使违反了也不会造成严重的后果。而排名在第三和第四位的"守时守信"与"不在公共场所大声喧哗"虽不会因为"不符合"而给学生带来严重的后果,但也可能遭遇到他人的告诫或投诉,因此,这两种行为排在中间位置。

另外,在谈及"造成大学生不文明现象的主要原因是?"这一问题时,选择"自觉意识不够强"的占87.4%,排在第一位,"社会不良风气的影响"紧随其后,占81.87%,"管理制度不够完善""教育的缺失"(包括家庭教育与学校教育)也有较高比例。因此,在提对策环节,"提升社会文明风气""建立良好的校园文化氛围"以及"注重自我修养"占比很高。可以看出,良好的社会风气及校园文化氛围与个人修养对青年大学生文明素养提升很重要。

2. 青年(非学生)文明素养调查问卷

本次调查采用整群分层抽样的方法,使用自编问卷对湖南省内4所企业

509 名 40 岁以下在职青年进行线上问卷调查，具体调查时间为 2020 年 10 月 13 日至 12 月 17 日。

表 2-4　青年（非学生）文明素养调查问卷

第 1 题　您的性别是？［单选题］		
选项	小计	比例
男	344	67.58%
女	165	32.42%
本题有效填写人次	509	—

第 2 题　您的文化程度是？［单选题］		
选项	小计	比例
小学	4	0.79%
初中	62	12.18%
高中、中职或中专	141	27.7%
大专及以上	302	59.33%
本题有效填写人次	509	—

第 3 题　您来到本市的时间？［单选题］		
选项	小计	比例
1 年以下	51	10.02%
1~2 年	124	24.36%
3~5 年	78	15.32%
6~9 年	38	7.47%
10 年以上	218	42.83%
本题有效填写人次	509	—

第 4 题　请您对自己的文明素养做一个评价［单选题］		
选项	小计	比例
非常满意	309	60.71%
比较满意	198	38.9%
不太满意	2	0.39%
本题有效填写人次	509	—

（续表）

第 5 题　您认为新时代青年的综合文明素养状况是？［单选题］		
选项	小计	比例
整体较好	357	70.14%
整体一般	144	28.29%
整体不佳	8	1.57%
本题有效填写人次	509	—

第 6 题　您认为文明素养重要吗？［单选题］		
选项	小计	比例
重要	506	99.41%
一般	3	0.59%
不重要	0	0%
本题有效填写人次	509	—

第 7 题　个人文明素养表现情况　［矩阵单选题］					
题目\选项	非常符合	比较符合	一般符合	不太符合	很不符合
遵守公共秩序	396(77.8%)	97(19.06%)	13(2.55%)	1(0.2%)	2(0.39%)
遵守交通规则	390(76.62%)	103(20.24%)	12(2.36%)	2(0.39%)	2(0.39%)
使用文明用语	342(67.19%)	133(26.13%)	31(6.09%)	1(0.2%)	2(0.39%)
践行垃圾分类	264(51.87%)	141(27.7%)	84(16.5%)	16(3.14%)	4(0.79%)
节约水电资源	338(66.4%)	134(26.33%)	32(6.29%)	3(0.59%)	2(0.39%)
爱护公共设施	393(77.21%)	96(18.86%)	17(3.34%)	1(0.2%)	2(0.39%)
公共场合言行举止得体	371(72.89%)	120(23.58%)	14(2.75%)	2(0.39%)	2(0.39%)
守时守信	399(78.39%)	94(18.47%)	13(2.55%)	1(0.2%)	2(0.39%)
遵纪守法	439(86.25%)	57(11.2%)	11(2.16%)	0(0%)	2(0.39%)
崇尚服务奉献意识	360(70.73%)	115(22.59%)	31(6.09%)	2(0.39%)	1(0.2%)

（续表）

第8题　您是否坚守职业道德？〔单选题〕		
选项	小计	比例
是	508	99.8%
否	1	0.2%
本题有效填写人次	509	—

第9题　您是否坚持绿色生活方式？〔单选题〕		
选项	小计	比例
是	500	98.23%
否	9	1.77%
本题有效填写人次	509	—

第10题　您是否信守家国情怀？〔单选题〕		
选项	小计	比例
是	508	99.8%
否	1	0.2%
本题有效填写人次	509	—

第11题　您是否参加过志愿者活动？〔单选题〕		
选项	小计	比例
是	345	67.78%
否	164	32.22%
本题有效填写人次	509	—

第12题　您认为造成青年不文明行为的主要原因有？〔多选题〕		
选项	小计	比例
所属单位教育缺失	150	29.47%
社会不良风气的影响	404	79.37%
舆论监督力度不够	205	40.28%
管理制度不够完善	230	45.19%
个人自觉意识不强	433	85.07%
其他	102	20.04%
本题有效填写人次	509	—

（续表）

第 13 题 您认为哪些方式可以有效提高青年文明素养？［多选题］		
选项	小计	比例
提升社会文明风气	445	87.43%
强化网络媒体的宣介作用	331	65.03%
强化榜样引领作用	350	68.76%
充分发挥文明劝导员作用	287	56.39%
营造良好的企业事业文化氛围	374	73.48%
开设相关活动	272	53.44%
注重自我修养	421	82.71%
其他	76	14.93%
本题有效填写人次	509	——

青年（非学生）文明素养问卷调查对象均服务于 IT 行业、物流公司及化工单位，因此，男性员工占比（67.58%）远高于女性员工占比（32.42%）。

数据显示，青年（非学生）群体的文明素养整体水平较高。在关于"您认为文明素养重要吗？"这一问题的回答上，有 99.41% 的青年表示文明素养"非常重要"，且无一人表示"不重要"，可以看出，这一群体对于文明素养的重要性予以了高度肯定，他们首先从思想上认识到了文明素养必不可少，而这也与这一群体整体在调查中表现出较高的文明素养水平有着必然联系。

就个人文明素养而言，在"遵守公共秩序""遵守交通规则"两项内容上选择"符合"（包括"非常符合"与"比较符合"）的人数占总人数的96.86%，在"爱护公共设施"方面选择"符合"的人数占总人数的96.07%，在"公共场合言行举止得体"方面选择"符合"的人数占总人数的96.47%，在"守时守信"方面选择"符合"的人数占总人数的96.86%，在"遵纪守法"方面选择"符合"的人数占总人数的97.45%。显然，青年（非学生）群体在公共文明素养方面表现优于其他领域。该群体褪去学生身份进入社会，更多地参与到社会生活与工作中，与同事等人的交往不同于与同学之间的交往，他们需要在工作与生活中为自己打造一个良好的个人形象，以获取同事或领导的认可，从而在生活中收获更多的朋友，在工作中赢取更多的机会，因此，他们在公共生活领域表现出良好的文明素养。其次，该调查于 2020 年年初进行，而垃圾分类工程是于 2019 年在上海正式实施，相距不到一年的时间，因此，在本次调查的数据中，可以发现在"践行垃圾分类"这一行为上，选择"符合"的青年仅占总人数的 79.57%，明显低于其他所有选项。另外，在"崇尚服务奉献意识"的一栏中有 93.32% 的青年选择了"符合"，而在回答"您是否参加过志愿者活动?"时仅有 67.78% 的人表示参加过，据此可推测，有客观原因导致青年实际参与志愿者服务活动的情况与其主观意愿产生了较大出入，其中，可能包括当前我国志愿者服务相关事业的建设仍不完善等原因。

3. 中学生文明素养调查问卷

本次调查采用整群分层抽样的方法，使用自编问卷对江苏、湖南两省 5 所中学在校学生进行线下问卷调查，具体调查时间为 2020 年 10 月 11 日至 10 月 17 日。此次调查发放问卷共 920 份，回收有效问卷 818 份，有效回收率为 88.91%。

表 2-5　中学生文明素养调查问卷统计表

选项	非常符合	比例	比较符合	比例	一般符合	比例	不太符合	比例	很不符合	比例
遵守公共秩序	647	79.10%	137	16.75%	20	2.44%	0	0.00%	14	1.71%
遵守交通规则	645	78.85%	141	17.24%	16	1.96%	2	0.24%	14	1.71%
注意文明用语	496	60.64%	202	24.69%	88	10.76%	14	1.71%	18	2.20%
尊重师长	642	78.48%	132	16.14%	31	3.79%	1	0.12%	12	1.47%
践行垃圾分类	506	61.86%	169	20.66%	104	12.71%	17	2.08%	22	2.69%
节约水电等资源	571	69.80%	156	19.07%	67	8.19%	8	0.98%	16	1.96%
守时守信	567	69.32%	184	22.49%	40	4.89%	11	1.34%	16	1.96%
爱护公共及教学设施	650	79.46%	124	15.16%	30	3.67%	2	0.24%	12	1.47%
不在公共场合大声喧哗	604	73.84%	151	18.46%	41	5.01%	6	0.73%	16	1.96%
信守家国情怀	722	88.26%	65	7.95%	16	1.96%	1	0.12%	14	1.71%
有否必要开设素养课	A 是		比例		B 否		比例			
总	758		92.67%		60		7.33%			
是否愿意参加讲座	A 是		比例		B 否		比例			
总	750		91.69%		68		8.31%			

注:男生总数 405 人占比 49.51%,女生总数 413 占比 50.49%。

调查显示，该群体在"遵守公共秩序"与"遵守交通规则"这两项行为上选择"符合"（包括"非常符合"与"比较符合"）的人数占比分别为95.85%与96.09%，位于整个个人文明素养（除"信守家国情怀"外）的前列，而"节约水电等资源"（88.87%）、"注意文明用语"（85.33%）、"践行垃圾分类"（82.52%）等行为的符合度位于最后。基本与青年大学生群体及青年（非学生）群体情况一致。

4. 小学生文明素养调查问卷

本次调查采用整群分层抽样的方法，使用自编问卷对江苏、湖南两省5所小学在校学生进行线下问卷调查，具体调查时间为2020年10月11日至10月17日。此次调查共发放问卷1250份，回收有效问卷1190份，有效回收率为95.2%。

表2-6 小学生文明素养调查问卷统计表

选项	经常/是	比例	偶尔/否	比例	从不	比例
使用文明用语	912	76.64%	272	22.86%	6	0.50%
遵守交通规则	1129	94.87%	57	4.79%	4	0.34%
节约水电	973	81.76%	208	17.48%	9	0.76%
爱护公物	1017	85.46%	166	13.95%	7	0.59%
遵守时间	893	75.04%	287	24.12%	10	0.84%
诚实守信	975	81.93%	211	17.73%	4	0.34%
排队就餐、乘车	1100	92.44%	64	5.38%	26	2.18%
公共场所不乱扔	1029	86.47%	134	11.26%	27	2.27%
不高声喧哗	997	83.78%	148	12.44%	45	3.78%
知、行垃圾分类	1020	85.71%	124	10.42%	46	3.87%
爱护环境	1016	85.38%	161	13.53%	13	1.09%
参加志愿者活动	530	44.54%	478	40.17%	182	15.29%
是否开设文明礼仪课程	995	83.61%	195	16.39%	—	—
是否举办文明礼仪活动	1095	92.02%	95	7.98%	—	—
父母是否教育	1166	97.98%	24	2.02%	—	—

注：男生总数598人占比50.25%，女生总数592占比49.75%。

数据显示，小学生个人文明素养中"遵守交通规则"与"排队就餐、乘车"的表现上明显优于其他文明素养行为，分别有 94.87% 与 92.44% 的小学生在这两项行为中选择了"经常"。而"使用文明用语"以及"遵守时间"两项行为则表现不佳，分别仅有 76.64% 与 75.04% 的学生选择了"经常"。另外，在"节约水电"与"诚实守信"两项行为上，分别有 81.76% 与 81.93% 的学生选择了"经常"，因此，这两项素养也有待加强。该情况与中学生文明素养调查问卷以及大学生文明素养调查问卷显示的情况基本一致。同时，年龄小及缺乏自制力也是导致其他公共文明素养水平不高的原因之一。

综合四份问卷数据可知，青少年文明素养整体情况较好，但仍有不足。相比之下，青年（非学生）群体的个人文明素养状况略好于其他三个群体，小学生个人文明素养水平在四类群体中表现相对欠缺，而中学生与大学生群体情况相近。对比四份问卷中的相同选项或相似选项可以发现，前三个群体（中学生群体只考察了"信守家国情怀"）在包括"信守家国情怀""坚守绿色生活方式"与"信奉人类命运共同体"在内的"理想型"文明素养方面呈现出良好表现。同时，在个人文明素养中，"遵守交通规则"这一行为在四类群体中均有较好的表现，其中青年大学生、中学生以及小学生在该项选择了"符合"（包括"非常符合"与"比较符合"）的分别占94.88%、96.09% 以及 94.87%，排在个人文明素养的第一位，青年（非学生）群体在该项选择了"非常符合"与"比较符合"的人数占总人数的96.86%，情况也相对较好；而"使用文明用语"以及"节约水电等资源"这两项行为的符合度相对较低。基于以上数据，可以推测，被规则限定的行为相较之下比没有规则的、仅是内含良好的价值取向的行动要容易实现，即在有规可依的情况下，大多数青少年会依规而行。另外，青少年在文明素养与道德行为的选择上受"后果主义"支配较为明显，即由于可能导致严重的不良后果（如惩罚和伤害等），青少年在行动上会选择服从规则，而对于普遍不会带来严重不良后果的不文明行为，青少年并不会选择"不为"；另外，在青年大学生及青年非学生群体的问卷中关于"造成青少年不文明行为的主要原因"中选择"社会不良风气的影响"与"个人自觉意识不强"两项的人数遥遥领先，而随后关于"您认为哪些方式可以有效提高青少年文明素养？"的问题中，"提升社会文明风气"与"注重自我修养"的选择率也较高，可见，社会风气的好坏及自我修养水平的高低确实在很大程度上影响着个人的文明素养。综上分析可知，政府主导的一些行为在青少年文明素养培育方面起着积极作用与显著效果，而各方面的教育也有利于青少年文明素养的养成，另外，环境因素与个人修养十分关键，同时，一些"惩罚性"及"技术性"的辅助手段也能在行为上起到引导与调节作用。

第二节　新时代青少年文明素养养成教育的不足

青少年是祖国的未来，肩负着中华民族伟大复兴的历史重任，其成人成才不仅需要扎实的专业知识与专业技能，更需要综合素养，其中良好的文明素养不可或缺。然而，实证结果表明，现实生活中青少年群体在规则秩序意识、环保节约意识以及礼仪素养等方面仍有不足。

一、规则秩序意识薄弱

一般而言，个体会惧于规则背后的惩罚及违反规则可能造成的消极后果而遵守规则，但总有些人抱着侥幸心理，看到他人违反规则没被惩罚或者是没有造成消极后果而模仿其行为，如闯红灯等；另外，有些规则背后的处罚力度弱，规则本身的威慑不足以规范这些人的行为，在他们看来，违反规则并没有付出多大的代价，因此，没有形成强烈的规则意识。同时，有人认为，善于规避规则是种"能力"，个体由于违反规则而可能受到处罚时，第一时间是习惯去找关系"通融"，而非想着调整、规范自身行为，并认为能被"通融"是有"人脉"有"能力"的显现；另一方面，一部分执法者也"会处世"，他们特事特办，网开一面。"法不责众""事在人为"

使得某些守法者"有法不依",一些执法者"执法不严"。此外,现存的规则本身不全面,不科学。某些规则在制定时,缺乏科学依据与可行性,让人"有机可乘",某些规则则缺乏有效的制度衔接,规则空位,部门职责划分不清,工作流程不够细致。总之,这些规则在设计与运作中存在缺陷,使得规则的施行有弹性空间,在社会交往与生活中规则的权威就被消解掉了。

规则意识是现代社会生活中最基本的标志,是文明的符号之一。规则客观地存在于人类生活的方方面面,而规则意识也必然要体现在其中。尽管人的感性欲望与偏好有可能使得个体的行为出现任意性,但如若能形成强烈的规则意识,则可以对由欲望与偏好所诱发的任意性行为起到引导与调节的作用。但既定的规则系统相对僵硬,而个体却较为活跃。同时,社会在不断地发展与变化,人的行为也不可能被规则详尽地规范,人与规则之间永远都存在着张力,规则要在不断的社会实践中被更新,被完善。事实上,个体对规则的坚守始终都游离于他律与自律之间,常常会造成"有规不依""有法不依"的局面,这种现象的根源就是规则秩序意识淡薄。

二、环保与节约意识薄弱

在现实生活中,青少年无意识破坏环境的行为时常发生,例如没有垃圾分类知识而错误投放垃圾,随意丢弃外卖和快递包装袋,经常使用一次性塑料袋、一次性餐具等。此外,物质水平的提高与快节奏的生活使得许多青年选择开私家车通勤而非乘坐公共交通,许多城市的主干道上都出现了"早高峰"及"晚高峰"的场景,这极大地影响了人们的出行,同时,汽车尾气的排放对空气也造成了巨大的污染。另外,生活中也常存在一些浪费现象。这些现象均反映出青少年缺乏应有的节约意识与环保意识。

由于西方"人与自然对立"思想的影响,在很长一段时间里,人们认为人对自然应该是一种"征服"关系,但随着现代化进程的加快,人与自然之间矛盾日渐凸显,这不利于社会的可持续发展,而这凸显的矛盾对人的生存也构成了一定的威胁。因此,生态文明、低碳生活成了当代社会人们的共识。生态文明思想也是习近平新时代中国特色社会主义思想的一个重要组成部分。虽然，在现实生活中，人们的生态文明意识已经有了大幅度的提升，但仍有部分青少年的环保意识相对薄弱，提升青少年整体的环保意识任重道远。

三、礼仪素养缺失

礼仪是指人们在人际交往中受宗教信仰、传统风俗等影响形成的，以建立并维持社会生活秩序为根本目的的行为规范与道德准则的总和。在不同的文化系统中，礼仪有所不同。但不论是在传统社会还是在现代社会，不论在东方还是西方，礼仪作为人际交往的行为规范，彰显了一个人的文化修养、思想水平以及交往能力。可以说，礼仪是文明素养外在表征的一个维度。

青少年思维活跃，知识面宽，个体自我意识强，其主体和主流确是积极进取，素质全面的，他们大都待人彬彬有礼，能很好地践行社会交往礼仪，但也有少部分青少年在日常行为礼仪、校园礼仪、社交礼仪等方面的礼仪素养有所缺失。

四、价值观念错位

价值观念是驱动人们行动的内在动力，因而也直接是青少年行为的动因。新时代是一个价值多元的时代。多元价值观念对青少年造成了巨大冲击，青少年群体中存在着拜金、功利、利己等取向，主要表现为消费上追求奢侈虚荣、生活上追求贪图享乐、交友上主张有利可图、婚恋上主张物质至上等。近几年在青年群体中还掀起了一股"躺平"风。历经了紧张的高中三年，在面对新的学习阶段时，有些学生难免会放松。久而久之形成了"佛系"心态。这种心态不仅仅停留在学习方面，也会进入到交友、求职等各个方面。比如，"宅男""宅女"的出现。他（她）们更享受一个人的独处，对社交缺乏积极性与主动性，不愿面对复杂的人际关系。这种看似平静洒脱、淡泊超然的人际交往观念并不能给他们带来幸福感，反而有可能会影响他们正常地与人交往、沟通的能力。此外，这股风也刮到了就业领域。由于高等教育的普遍化，大学生失去了"天之骄子"的优越感。当下严峻的就业形势无疑给毕业生带来了巨大的压力。为缓解就业压力，逃避失落与焦虑，有些人以"躺平"为借口，进而对就业逐渐失去信心与动力。

第三节　新时代青少年文明素养养成教育不足的主要原因

一、学校教育的偏差

教育的目的在于塑造人性，培养"整全的人"。然而，在我国传统的教育体系下，学科教育占尽上风，学生的考试成绩被视为衡量学生优劣的一个重要标准。尽管我们也提出了素质教育，但实际上，相当多的学校依然更注重学生科学文化知识的积累，而不是青年学生应有的素养（尤其是文明素养）的提升。近年来，基础教育丢失了其"育人"之根本，一直被应试色彩所笼罩，不论是高校还是中小学，不论是教师还是学生，各种力量都集中于科学文化知识及技能技巧等能力的教育与训练。例如，在一些中小学里，许多教师并未摆脱业绩考核的束缚与应试教育的思想，尽管素质教育已提出多年，他们仍习惯将学生的学习成绩当成评判学生好坏的最重要的指标。学校里这些存在偏差的教育理念对家长的教育观念也产生了一定程度的影响，在与家长沟通时，这些教师主要传达学生的学习情况，甚至部分学校按成绩排名划分学生的档次，分别召开家长会，家长们为了能让孩子考上所谓的"名校"，只能配合学校与老师的工作，即便是在家庭教育中也将提高孩子的文化课成绩视为最重要的目标，给孩子报名各种文化补习课，竞赛课等，在重视孩子文化课程学习的同时却忽略了孩子文明素养的培育。同样，一些高校因就业压力及科研成果排名等影响，忽视了在校大学生综合素养的培育。就业形势之严峻迫使部分高校以就业为中心开展一切教育活动，这些教育片面强调学生就业技能的培育，忽视了学生的综合素养；另有一些仅以科研成果或师资规模为量化指标的"高校排行榜"

更是让高校的关注点聚焦于除育人以外的各个方面上，因而学生的素养，尤其是文明素养也没有得到足够的重视。总之，部分学校为了追求升学率、就业率等数据而与教育的理念以及教育的本质渐行渐远，这种只注重满足社会需求而偏离人自身发展需求的教育异化了教育的目的，忽略了人的整体性发展，弱化了青少年文明素养的培育。竺可桢曾就此表示："现在大学教育，注重各种专门知识之传授，而忽略品性德行之陶冶，积重难返，流弊甚深。社会道德与政治风气之败坏，此为要因。"[1] "大学教育的目标，决不仅是造就多少专家如工程师医生之类，而尤在乎养成公忠坚毅，能担当大任，主持风会，转移国运的领导人才。"[2]

二、家庭德育的薄弱

家长们或多或少都能认识到文明素养与道德水准对一个孩子的重要性，但社会的飞速发展仍然提高了对人的知识水平及技能技巧等方面的要求。一方面，在人文教育与科学教育之间，科学教育占据上风。在如此教育观之下，家庭教育从总体上来说更多地呈现出较明显的重智育轻德育的倾向。另一方面，剖析当前的家庭德育，可以看见，部分家长自身也缺乏良好的修养，他们或是脾气暴躁，或是言行粗鲁，又或者不拘小节。家长这些行为习惯既表现在他们日常的行为中，也体现在对孩子的教育方式上。作为一家之长的父母与孩子日日相伴，其不良行为很容易对孩子造成负面影响。孩子有着极强的可塑性，他们会模仿父母说话的语气与做事的方式，模仿父母简单粗暴地处理问题。同时，这种简单的模仿也不利于孩子形成正确的道德判断，他们无法判断行为的善良与否，因此，孩子也不会因为做错了事情，而产生羞愧感。还有一部分家长，他们虽对文明素养与道德规范有着一定的了解，但他们并不会依据规范行事，不会表现出与认知水平相当的文明素养。他们的"言行不一"往往会使得孩子迷茫困惑，如此很容

---

① 眭依凡. 学府之魂：中外著名大学校长教育理念：第一卷［M］. 南昌：江西教育出版社，2001：53.

② 眭依凡. 学府之魂：中外著名大学校长教育理念：第一卷［M］. 南昌：江西教育出版社，2001：56.

易导致孩子陷于道德的"两难"境地。

此外，有些家长则在教育方法上缺乏科学性。受传统教育思想"棍棒底下出孝子"的影响，体罚成为了一部分家长教育孩子的"手段"。适当的体罚确实能快速解决一些问题，但一些受惯了体罚的孩子，对于体罚可能无动于衷，而严重体罚也许会导致青春期的孩子产生反叛心理。另有部分家长则将"溺爱"当"爱"，不加区分地满足孩子提出的一切要求。这种"溺爱"可能助长青少年放纵、自私的性格，不利于青少年培养集体主义精神、尊重以及关爱等意识。

众所周知，良好的德育应该建立在尊重与平等对话的基础之上，然而，在许多的中国家庭中，家长就是"权威"，他们居于主导地位，单方面对孩子施行教育，而孩子只能被动听从与接受。在这种"家长专制"的家庭里，父母有着绝对权威，孩子几乎没有发言权。长此以往，势必会影响亲子关系。而这种不平等的亲子关系对青少年文明素养的培育会产生不利的影响。

此外，许多家庭在道德教育中偏重"私德"而忽视了"公德"。由于家庭是一个"私人"空间，父母对孩子的教育多侧重于私人生活方面，但社会公德的培育对于青少年步入社会来说也是必不可少的。可以说，"公德"的养成是青少年社会化的前提，因此，"公德"的教育也是家庭教育在道德教育方面应涉及的领域。

三、社会环境中的负面影响

社会环境复杂多变，各种价值观参差不齐，或多或少影响着青少年文明素养的培育与养成。首先，良莠不齐的价值观冲淡了青少年文明素养培育的实效性。形形色色的价值观随着社会的快速发展不断更迭。大多数青少年涉世未深，他们尚处于认知发展的初级阶段，好奇心强。在多元文化的冲击下，这些青少年的思想难免出现偏差，而思想上的偏差具体体现为缺乏正确的道德判断能力。其次，就业时，学历成为入职门槛，网络上甚至一度出现了"学历鄙视链"。而这一倾向无疑向学校、家长与学生施加了无形的压力，导致学校与家庭在教育理念上产生了一定的偏差。在中国，考试贯穿于人的一生。除学校外，社会上各类机构也将考试作为员工应聘及选拔推优的主要手段，分数毫无疑问成为了最基本的衡量标准。从学校到社会，从学习到工作，在经历了多年的分数竞争后，人们意识到，较之于良好的文明素养，好大学、高学历对于人们来说非常重要。

此外，网络环境对青少年文明素养的培育也产生了一定的负面影响。数字时代，网络以传播速度快、信息量大、覆盖面广等优势渗透进了我们生活的各个角落。如此海量的信息对于青少年树立正确的价值观造成了一定的冲击。尚处于价值观形成期的青少年好奇心强而鉴别能力较弱，极易被网络上的负面信息所影响。同时，正处于叛逆时期的青少年渴望摆脱家长与老师的管束，他们认为网络能够给予他们渴望的平等与自由，于是，他们在虚拟的世界里宣泄着情绪，久而久之，现实的世界对于他们来说变得越来越陌生，这群青少年也变得越来越冷漠。

四、人的德行有限性与技术缺陷性

1. 人是有限理性存在者

理性概念起源于古希腊的逻各斯（logos）和努斯（nous），这两个概念意指一种使整个宇宙成为可能的客观原则和超越的理智。起初，西方思想家在探索世界本源与本质的时候，建立起了一个超越现象世界的永恒不变的终极存在，一个理性的王国。这种理性是本体论意义上的理性，理性作为世界之本源而存在。这种理性是外在于现象世界的永恒而独立的精神实体，是现象世界一切事物的共同本质与最终根据。这种古典的理性观念强调的是外在于人的理性的绝对的确定性与完满性，它预设了在人的认识之前存在着一个绝对真理和本质规律。可以说，古典的理性观念是承载了宇宙秩序的"宇宙灵魂"，它是"自足且完善"的。然而，自欧洲启蒙运动以来，理性的观念就发生了巨大的变化。现代的理性不再是"宇宙灵魂"，它失落了古典理性主义传统赋予它的宇宙秩序的意义，理性从宇宙理性降至人的身上，成为了人的理性，理性不再是解释世界存在的根据。同时，古典理性自足的完满性也受到了冲击。康德指出，理性若是超越自身的限度去进行判断，也会成为造成人类知识谬误的根源之一。

康德论证了理性的有限性并提出人是"有限理性存在者"。他认为人既有"感性欲求",又有"理性法则",即人是生活在现象界与本体界的双重存在者。一方面,作为"现象界"的存在者,自然界赋予人以"动物性"即"感性",这一动物性会唤醒人本然的欲望和冲动;另一方面,作为"本体界"的存在者,人又有应然世界赋予的"理性",这种理性会在人的心里产生各种法则,使人克制感性冲动,排除偏好的影响。前一种"动物性"或"感性"使人具有"有限性",因此,康德认为人是"有限理性存在者"。"大自然在我们身上为两种不同的目的而奠定了两种秉赋,亦即作为动物品种的人性以及作为道德品种的人性。"① 康德所说的"动物品种的人性"即指"感性","道德品种的人性"即指"理性"。

作为"有理性"的存在者,人的意志是能够自律的意志。人能够出于"自由意志"实践道德行为。但作为"有限的理性存在者",人的意志是一种不完全的意志,会受到感性冲动的影响,人的行为可能违背"理性法则"而服从于"感性欲求"。人在实践方面受"有限性"所影响,不必然地符合道德法则。因此,人虽享赋理性,具备德性的潜质,但并非一定就能成为有德之人。正是人本然的"感性"造成理性之有限性,从而导致了人的德行有限。不过,人的感性能产生出复杂多变的情感,且不是所有的感性冲动和欲望都与德性的要求相违背,比如对有德之人的敬重感,对弱者的怜悯心,对实现自我的渴望等。因此,感性如果得到合理的引导,更能够激发人的道德能力,使人的行为符合规则。因此,用理性指导情感与欲望,使复杂的人类情感与理性同向,与客观世界的规则同向,人的情感与欲望才能区别于动物的本能冲动,才能使行为符合文明的各项特征。

2. 技术的缺陷性

事实上,人的行为不能单纯地仅从主体本身来考察。人与其所在的社会环境一同建构起人的主体性,主体的行为与决策始终是在其所在的物质情景中实现的。斯金纳认为,人的行为方式是长期的规训之结果,人的行为是作为主体的人与其身处的物质情景中外界刺激的复杂交互导致的结果。

---

① [德]康德. 历史理性批判文集 [M]. 何兆武,译. 北京:商务印书馆,1990:70.

实际上，人的行为都必然受到外部物质环境的影响。因此，行为与决策的考察应该充分考量可能涉及其中的物质环境。对此，阿赫特豪斯也认为，人们言行不一的原因并非完全是意志薄弱，而是缺乏道德表达和实践的客观物质条件。即在公共生活中，相关基础设施配备不到位，或是设施在技术上存在缺陷，这些都给使用者造成了不少困扰。比如，曾经公共领域配备的自来水水龙头，由于其设计有缺陷，经常水花四溅，给人造成一种使用者浪费水的错觉。因此，设计者便做出了相应的改善，现在很多公共场所内的水龙头都是感应出水，或者定量出水，这在很大程度上节约了水资源，同时，也在某种程度上给使用者传递了一种节约的价值观念。但生活中仍然存在很多类似问题，个体想讲文明，但是设施不给力，技术不过关，客观上造成了人的文明素养不足。因此，在很多情况下，人的行为与规范不相符并不是缺乏文明素养，而是缺乏实践文明行为的物质条件。在青少年文明素养的相关研究上，我们应将青少年生活的物质环境纳入考察范围，全面且客观地看待青少年行为失范现象。同时，改善和完善与之相关的物质条件，让青少年的文明素养有切实可行的物质环境。

　　行为是人与一定的物质环境交互导致的结果，因此，行为在一定程度上可以被规训。在规训中，人可能有意识，也可能无意识。若是外部物质环境能给人以正向刺激，人的行为就能在一定程度上按照正向刺激所内含的规训导向行为。人无法直接地经验到这个世界，人通常要通过调解性的技术物才能与世界发生联系。[①] 这项调解性的技术物可以是一定的社会制度，也可以是内含某种价值指向的技术。通过制度与技术营造一种积极的外部环境，这种环境会使得合乎社会规范的行为更容易被实践，因此更容易促成青少年文明素养的养成。

五、西方现代性危机与中华传统文化传承中的断裂

　　西方现代化进程的初衷是要将"人从上帝手中解放出来"，肯定人的尊

---

　　① 转引自程海东，贾璐萌. 道德物化——技术物道德"调解"解析［J］. 道德与文明，2014（6）：111 – 116.

严与现实价值。这一进程创造了前所未有的巨大的物质财富，极大改善了人们的物质生活，也确实推翻了彼岸世界神圣形象对人的压制，将人类的目光转向了自身。然而，人们在现实生活中却遭遇了更大的道德困境与精神危机。

西方现代化进程"杀死了"象征着绝对价值的"上帝"，传统社会一元性价值体系及其所建构的精神世界也随之被彻底颠覆。人因此失去了精神"约束力"与道德"指南"，从而陷入价值真空的道德虚无主义。尼采认为"上帝之死"是"最高价值的自行废黜"，这是"一切客人中最可怕的客人"。因为，道德虚无主义会使人们的思想陷入混乱，精神无所依托，从而在行动上陷入无序状态。海德格尔也认为"虚无主义乃是欧洲历史的基本运动。这种基本运动表明这样一种思想深度，即，它的展开只还能引起世界灾难。虚无主义乃是被拉入现代之权力范围中的全球诸民族的世界历史性的运动"①。海德格尔的揭示相比尼采，显然更加深刻。他认为虚无主义及其引发的精神危机，已经从西方扩展到了全球，成为了世界性的精神危机。

事实上，现代性危机的根源是双重的。上帝虽死，但人们对于永恒的追求并没有停止。由于人们在科学上取得了巨大成功，科学理性理所当然填补了这个上帝形状的洞。一方面，在思想上，最高价值被废黜，科学理性成为了唯一可能的判断尺度。恩格斯就曾指出，"18 世纪的法国哲学家们"主张"建立理性的国家、理性的社会"，他们"无情地铲除一切同永恒理性相矛盾的东西"，"把理性当做一切现存事物的唯一的裁判者"②，因为"一切都必须在理性的法庭面前为自己的存在作辩护或者放弃存在的权利。思维着的知性成了衡量一切的唯一尺度"③。另一方面，在现实中，由于资本主义的发展，资本成为了一种抽象的社会力量，不仅为科学理性奠定了现实的基础，巩固了科学理性至上的地位，更是统治着现实的人。一切价

---

① ［德］海德格尔. 海德格尔选集：下卷［M］. 孙周兴，选编. 上海：上海三联书店，1996：772.
② 马克思恩格斯选集：第三卷［M］. 北京：人民出版社，2012：643.
③ 马克思恩格斯选集：第三卷［M］. 北京：人民出版社，2012：775.

值选择均以资本逻辑为依据。宗教、道德、意识形态等一切与价值增值无关的事物都黯然失色。毫无疑问，这将招致最本然的文化危机。这种危机是所有文明因子前提性的消解，而不是个别文化因子的颠覆。

西方现代化进程不仅在其内部解构了最高价值与其建构起来的意义世界，而且还透过"资本"进行全球性扩张。那些带有资本主义色彩的价值观念因而得以在世界范围内进行疯狂传播，与其他文明被置于同一时空下，相互碰撞、交融。当然，也与中国传统文化相遇。但不幸的是，在这场文明与文明的对话中，中华优秀传统文化的传承遭遇了巨大的冲击，并呈现出断裂态势。

以儒家思想及其学说为核心的中国传统文化不仅对中国的发展产生了深远而广泛的积极影响，而且也助推了人类文明的进步。然而，自鸦片战争开始，民族的救亡图存与独立自主就压倒了一切，传统与现代、东方与西方、中学与西学之间的争论成为了近现代的主要议题。儒学在这种争论之中逐渐没落。

自 1905 年清政府废除延续了 1300 年的科举制度起，儒学就正式退出了政治与教育领域。国人精神生活两千多年来首次失去了"经典"；辛亥革命推翻帝制，儒学受到巨大冲击，丧失了其官方学说的至上地位；民国初年的教育改革取消了经科设置，旨在整肃封建教育，与之彻底划清界限，自此，儒学及其典籍在学校教育中丧失了主导地位，仅仅作为一种学术思想而得以存在；而五四新文化运动则重创了儒学。新文化运动首先发端于文字改革和文学革命，其主旨是"反传统、反儒教、反文言"[①]，在思想上主张西方的"德先生"（democracy）与"赛先生"（science），认为科学是万能的，科学可以解决中国当时面临的一切困难。这场运动客观上助推了民族独立自强，助推了中国现代化进程，也催生了中华人民共和国的诞生。但"五四"新文化运动的反传统性有着巨大的历史惯性，致使中国传统文化在传承中呈现出断裂态势。新文化运动的旗手们基于当时的社会经济政

---

① 杨义. 百年"五四"与思想革命［J］. 杭州师范大学学报（社会科学版），2019，41（1）：35–37.

治条件，以西方理论深刻分析并批判了儒家思想及其学说，在他们眼里，儒学就是"吃人的礼教"，毫无疑问，这种激进的主张是新文化尝试与建设的一个偏失。这一偏失割断了中华优秀传统文化的命脉，遗失了绵延数千年的中国价值与中国精神，导致中国的现代化面临去本土化的冲击。梁漱溟对此曾感叹道："今天的中国，西学有人提倡，佛学有人提倡，只有谈到孔子羞涩不能出口。"① 中华优秀传统文化的断裂造成了巨大的消极影响，而国人也为此付出了惨痛的代价。科技的日新月异，社会的加速变革，观念的中西碰撞，引发了一系列道德危机。风俗习惯及生活方式等在内的传统价值观念遭到了强烈的质疑与批判，社会上出现一些行为失范、价值失落、认同离散、族群分裂等不良现象。

中国传统文化是中华民族生生不息的源泉，其中君主专制制度确实与现代化的社会不相适应，但是传统文化中许多价值观念是人类永恒的价值追求，如"仁""义""礼""智""信"等。同样，那些长期以来，人类生活所积累的合理的风俗习惯及生活方式也应予以肯定。但近现代反传统的价值取向使得中华民族传统文化中的优秀因子的继承与发扬受到阻滞，呈现在人身上则表现出行为失范、失信、失礼等。现代化有与其相适应的生活方式及文明素养，但绝不是与传统文化割裂开来，甚至要反传统。相反，一些关于人精神层面的文明素养更应该汲取传统文化中优秀的元素。

---

① 转引自杨明. 现代儒学重构研究［M］. 南京：南京大学出版社，2002：30.

第三章
新时代青少年文明素养养成教育的范型

青少年群体因教育背景及家庭环境等因素的不同而呈现出个体的差异性，不同的个体对于文明素养的理解也就不同。因而，需要对青少年文明素养养成教育之范型作出区分，即分为基础型文明素养与理想型文明素养。基础型文明素养是最简单、最起码、最一般的文明素养，在一定程度上可等同于社会公德。基础型文明素养养成教育的目的是保障社会的秩序与和谐。而作为新时代的时代青少年，肩负着中华民族伟大复兴中国梦的重任，因此，我们对其文明素养有着更高的期盼，故提出理想型文明素养。理想型文明素养主要体现为对国家、民族以及人类共同体的关注。

第一节　新时代青少年文明素养养成教育的基础型

基础型文明素养即一般性文明素养，是对于青少年文明素养提出的普遍要求，也是新时代青少年文明素养养成教育的底线要求。基础型文明素养包括仁者爱人：仁爱与友善；明善思诚：真诚与守信；人道法天：明礼与守法；克勤克俭：自强与节俭。

一、仁者爱人：仁爱与友善

"仁"是儒家思想的核心和精髓，也是中国文化精神的根基。《论语·

颜渊》中："樊迟问仁，子曰：爱人。"可见，在孔子看来，"爱"是"仁"的内涵之一，是"仁"的一种表现形式。孟子提出的"仁者爱人"思想也体现了"爱"与"仁"密切的关系，即"爱"是"仁者"的一种特质。朱熹也说："仁之发处自是爱。"（《朱子语类》卷九十五）可以说"仁"以"爱"为核心。

《说文解字》释"仁"为："亲也，从人二。""仁"是一种二人间的行为，是人与人之间的关系。孙隆基先生在《中国文化的深层结构》一书中说，中西方最后发展的差异，就在于这个"仁者，二人也"①。中国人认为，个体只有置于二者相互对应的关系之中，才能被定义，也就是说，人的定义只能存在于"二人"对应的关系之中，任何一方都不可以被单独定义，如君臣，父子，夫妇，兄弟，朋友。这种说法有其合理之处，中国文化较之西方文化，的确更注重伦理关系。但认为仅在"二人"关系之中定义"人"就曲解了"仁"之本意。孔孟所谓的"仁爱"没有"差等"，是建立在双方平等且互相包容的基础之上的"爱人"。"仁者二人"中的"二"，是平等的二人，只有平等，才可能确定双方最佳的关系。

建立在亲缘关系之上的"亲亲"认为"孝弟"是"仁爱"之根本。《论语·学而》有曰："孝弟也者，其为仁之本与。"故"君子笃于亲，则民兴于仁。"（《论语·学而》）孟子以此为基础，进一步提出了"仁民"的思想，认为"亲亲"可以扩大并推广。他还将"仁"视为人天性所带有的"不忍人之心""恻隐之心"（《孟子·公孙丑上》），他指出这种仁爱应该"推己及人"。唐代韩愈提出"博爱之谓仁"（《原道》），宋明理学家们则沿着这一思路进一步提出了"万物一体"的观点，儒家"仁爱"思想的内涵从此便真正达至"爱物"境界。如张载的"民胞物与"思想。儒家这种"万物一体"思想是"浑然与万物同"的思想，是天地精神的大境界。后来康有为的《大同书》，谭嗣同的《仁学》，乃至孙中山的"大同"思想，无不沿袭了这一思想脉络。到了近代，辜鸿铭在《中国人的精神》中继续从日常生活的角度阐发了存在于中国人心理层面的仁爱，他认为"真正的中

---

① 孙隆基. 中国文化的深层结构［M］. 桂林：广西师范大学出版社，2011：104.

国人过着一种充满感情的或者友爱之情的生活"，因而"具有同情的力量"①，"同情心赋予了真正中国人真正的人性智慧，才让他（中国人——引者注）变得如此温良"②。

其实，儒家"仁爱"思想对于新时代的中国与世界依旧有着重要意义。儒家"仁爱"要求人们"敬其所尊，爱其所亲"（《礼记·中庸》）。而对于中国当代的独生子女来说，这正是他们所缺失的精神。另外，现代社会，在功利主义下被异化的金钱观及价值观等，都在一定程度上导致了人的道德危机与情感疏离，当代人的孤独感及空虚感与日俱增。而儒家教义旨在教人做人，这恰可为我们的存在找到意义，为我们的生活指明方向，也为建立和谐社会、大同世界提供了宝贵的思想资源。

何以为"仁"呢？儒家认为"仁"应"推己及人"，即"己欲立而立人，己欲达而达人"（《论语·雍也》），"己所不欲，勿施于人"（《论语·颜渊》）。"己欲立而立人，己欲达而达人"即为"忠"，"己所不欲，勿施于人"即为"恕"，"推己及人"也就是"忠恕之道"。践行"忠恕之道"的根本就在于在人格上平等地看待自己与他人。"忘掉自己、以他人之心为心……扩大自己以知他人之心同于自己之心……"③ 将这样一种基本的善意扩展开去。"宽则得众。"（《论语·阳货》）有容人之心的人更能够得到他人的信任与拥护，能够更好地与人相处，从而建构良好的人际关系。宽容能"成天下之大事"（《荀子·非相》）。仁者并非高踞于众人之上，仁者就在众人之中，他因感知到自身身体的有限性而同情他人的痛苦遭遇，怜悯并救他人于苦难之中，也因意识到自身在德性上的有限性而宽容、善待他人。因此，"仁"是要将这份"爱"与善意推广到他人身上，人人互敬互爱，从而构建一个温暖有爱的和谐社会。

儒家思想中，存在一些最基本的价值，如仁、义、礼、智、信，这些

———————————

① 辜鸿铭. 中国人的精神［M］. 王晋华，黄永华，注译. 北京：北京理工大学出版社，2016：14.

② 辜鸿铭. 中国人的精神［M］. 王晋华，黄永华，注译. 北京：北京理工大学出版社，2016：15.

③ 唐君毅. 中华人文与当今世界补编［M］. 桂林：广西师范大学出版社，2005：210.

价值具有永恒的意义，其中，"仁"应该是所有其他价值的前提与基础。"仁爱的仁是人作为人的体现，也就是最像人的人，最符合人的各种要求，能够代表基本的理念和价值。"①

新时代提出了社会主义核心价值观，其中"友善"观与儒家"仁爱"观在思想上一脉相承，皆以"爱"为核心，教人以"善"待人，是维护和谐社会秩序的伦理基础，是新时代人类社会公共生活的基本价值取向。

何为"友善"？《说文解字》释"友"为："同志为友。从二又。相交友也"；释"善"曰："善，吉也，从言从羊，此与义、美同义"。友善由善心、善言善行构成。善心即俗称的"好心"或"良心"。善心有两个向度，其一，可内化为善性，其二，可外显为善言或善行。一个人可以出于善念偶行善事，而具备善性的人才可能常行善举。荀子认为："见之不若知之，知之不若行之。"（《荀子·儒效》）故善心与善性只有外化为善言、善行才是真正的善。

培育青少年的友善意识，要基于人心中的"爱"，基于青少年意识中内含的本真之"爱"。同时，还应教会青少年如何表达"爱"，如何升华"爱"，如何将"爱"推己及人。孟子基于"仁爱"思想提出的"性善论"，认为人在其本性之中就存在着"四端"，而这本性中的"四端"仅仅只是人心中的一颗种子，要让这种子发芽生长，就须得以"仁爱"灌之，这也是"仁"之价值所在。新时代，弘扬和践行友善这一社会主义核心价值观也将有助于发展人内心的善，将善心内化为善性，并外化为善行。

二、明善思诚：真诚与守信

真诚与守信即诚信。诚信是一种人之德性也是一种社会伦理。

作为德性的"诚信"，它是人对自己的完全义务。康德认为，人作为道德存在者，有"诚实的义务"②，即不说谎。他认为"说谎"是对人纯然作

---

① 杜维明."仁"既是体验的又是超验的［EB/OL］.（2015－09－30）［2015－09－30］. http://www.chinakongzi.org/zt/ruxuedahui/guandian/201709/t20170914_143904.htm.

② ［德］康德.道德形而上学［M］.张荣，李秋零，译注.北京：中国人民大学出版社，2013：208.

为道德存在者的自己的义务最严重的侵犯。康德将说谎分成两种形式，其一，外在的说谎；其二，内在的说谎。外在的说谎即对他人说谎，是对他人所做的不真实的声明。① 内在的说谎即对自己说谎，也就是我们常说的自欺与伪善。内在的说谎会向外扩张，发展成为外在的说谎，可以说，内在的说谎是外在的说谎的根源。这是因为这种内在的说谎，即自欺会阻碍人们建立真正的道德意念。行为的道德价值在于人的行为是出自理性颁布的道德法则，而非感性的偏好动因，即人将法则视为其行动准则。然而自欺的人会将自己（出于感性动因）的行动谎称是出自道德法则。若这一行为侥幸没有带来恶的后果，这个人则很可能无法认识到内心的动机不纯，甚至会以有德之人自居。一般而言，这种人在生活中不会自我反思。自欺，因而从根本上阻止了人的道德意念的生成，这种内在的说谎还会逐渐发展成为对他人的欺骗，违背"诚实的义务"。因此，康德认为，内在的说谎是人性中的根本之恶，自欺是万恶之源，它引发了人类的各种恶习。

作为社会伦理的"诚信"，是文明社会进程中一项最为基本的原则。社会的发展与人类文明的推进离不开思想的交流与信息的传递，语言恰好承载了这份重任。语言的目的是交流思想，传递信息。如果人们在交流的时候并非诚实，那么语言就无法有效传递真实的信息，人与人的沟通也会受到一定的阻碍。诚然，谎言会在某些时候给说谎者带来一定的利益，善意的谎言也会在一定程度上愉悦到听者，但人类社会总是无法将说谎普遍化为一种交往原则。若将谎言这一准则视为有效的普遍法则，则人类社会再无诚信可言，人与人之间若没了诚信，社会的秩序会逐步瓦解，语言也将失去它存在的意义与其本身的功能与价值。可以说，诚信作为一项最基本的原则，是文明社会存在与发展的基石。因此，人类社会必须有说真话的准则。休谟也将"诚信"纳入了其伦理体系，并视其为最基本的伦理规范。在休谟看来，诚信是正义的组成部分。正义理念诞生于人们的社会交往。人们在社会交往之中会因各自的利益而与他人发生冲突，在冲突之中逐渐意识到他们相互之间彼此的互不侵犯将有利于共同的或彼此的利益，因此，

---

① ［德］KANT. Practical Philosophy［M］. Cambridge：Cambridge University Press，1999：394.

人们逐渐形成了正义观念。由此可得，正义理念中必然包含着不侵害他人利益的承诺，这种承诺即是诚信。休谟甚至认为社会若无正义，必然立即解体。可见，正义以及正义中内含的诚信是文明社会进程中一项最为基本的伦理规范与道德原则。

在中国古代，诚信是"诚"与"信"两种德性的复合体。从对象来看，"诚"与"信"都包含了自我与他人，即对自我的"诚"与对自我之"信"，以及对他人的"诚"与对他人之"信"。通常情况下，可以认为"诚"更多的是对自身的"诚"，即"反身而诚"（《孟子·尽心上》），"信"则是对他人之"信"，即"守信"。从表现形式上来看，"信"可以被认为是"诚"的具体表现形式。

关于"诚"，中国古代思想家们对此有着诸多的论述，其中心思想皆表明，"诚"乃人生之最高境界，人无"诚"不立，家无"诚"不和，业无"诚"不兴，国无"诚"不宁。

《礼记·中庸》云："诚者，天之道也；诚之者，人之道也。"（《礼记·中庸》）在中国古代社会中，"诚"被视作是天道之本然，也是人道之必然。在"诚"字后面加一个"之"，就从天道降为人道。"诚"是人对天道的一种体认与把握，是复归心性本体的一种境界。"诚"贯通着"天""人"两道。"唯天下至诚，为能尽其性。"（《礼记·中庸》）"诚"是人生之最高境界。

"诚"即"无妄"，与"欺骗""虚伪"相对，是个体自我发自内心的对自己和他人的一种真实态度。朱熹说："诚其意者，自修之首也。"（《大学章句》）王阳明也认为"诚意"是"圣门教人用功第一义"（《传习录》）。"诚意"是正心修身、人格养成的首要条件。两千多年来，中国的"修身"思想中，始终离不开"诚其意"。"诚其意"先要"诚己意"。王阳明心目中的《大学》即"诚意"之学。"诚意"为《大学》思想的核心，统御"三纲""八条目"。所谓"'明明德'之功，只是个'诚意'"（《传习录》），"格物致知者，诚意之功也"（《答王夫之书》）。王阳明以"诚意"置于前，将格物、致知、正心、修身贯穿起来成为一以贯之的整体。在谈到"正心"与"诚意"的关系时，王阳明指出"正心"即在"诚意"功夫中。"诚意"方能正其心，正心先要诚其意，要想诚意，先要从不自欺、不欺心、不欺人做起。王阳明将"诚意"视为成就道德、养成人格的首要环节。在王阳明看来，人只有通过不断地致良知，通过真诚的道德努力，才能恢复心体之明，才能够成为一个君子。

"诚意"是文明素养养成的途径。诚是天道的本然，人道的必然，但由于"性相近，习相远"，于是就需要后天的教化来复现出原本内在的真诚本性，即："天命之谓性，率性之谓道，修道之谓教。"（《礼记·中庸》）"诚"是完成内在的道德，修养仁德，以及成就外部事业的关键。无论是天道之"诚"，人道之"诚"，还是达到天人合一境界的"诚"，表达的都是人对自己、对他人、对事物的一种态度与精神状态。

中国古代社会，一个"诚"字贯穿于格物、致知、正心、修身、齐家、治国、平天下的所有环节。"诚"也是当代青少年文明素养培育的起点。离开"诚"，正心修身、文明素养都无从谈起。从传统儒家"诚意正其心"的修身思想中借鉴"诚"的精华，真诚待人，诚信做事，无疑是从源头上解决文明素养问题的一剂良方。

谈"诚"必言"信"。中国古代社会"信"主要指诚实无欺。从语言的角度看，就是指人们所说的话向他人传递了真实信息，所谓"君子之言，信而有征"（《左传·昭公八年》）。在神情方面真诚而不做作，不刻意伪装起来去欺骗他人，即朱熹所说的"须是表里皆实，无一毫之伪"（《朱子语类·易五》）。陆九渊也说："信者何？不妄之谓也。"（《主忠信》）一个能够履信的人也就是一个诚实不欺、真实无妄的人。另外，"信"也指信任他人，"以信待人，不信思信；不信待人，信思不信"（《傅子·义信》）。"信"还是立业之石。西汉淮南王刘安就曾指出："人先信而后求能。"（《淮南子·说林训》）在他看来，守信与否是判断一个人人格的标准，人一定要先有诚信，方可考察其能力。南唐谭峭也认为，"信"是"成万物之道也"（《化书·仁化》）。"信"是成就事业的可靠保证。一方面，从自身来讲，一个人讲求诚信，就能脚踏实地，实事求是，不自欺，最终能创造属于自己的事业。另一方面，从人际上来说，"人之所助者，信也"（《周易·系辞上》）。韩愈早就指出："自古以来，未有不信其言而能有大功者。"

（［唐］韩愈《论捕贼行赏表》）"信"还是兴国之基。历代关注治国之方的思想家和政治家，无不强调"信"在国家军政大事中的重要地位。《论语》中，孔子将"民信"置于"足食"与"足兵"之上，认为"民无信不立"。不难看出夫子非常重视取信于民。治国以信，取信于民，才能强国富民。柳宗元也强调："信，政之常，不可须臾去之也。"（《非国语·救饥》）清末状元张謇甚至认为"无信则不国"，"国可以弱，可以小，不可无信……无信，不国"（《复段祺瑞函》）。"信"可以称得上是一个国家的命脉之所在了。"信"既然是一个国家的立国之基，作为国君，必定要求做到守信，所谓"天子无戏言"（《史记·晋世家》）。

"信"是成人成事的必备素养，更是君子的一项重要品德，所以孔子将"笃行信道"（《孔子家语·五仪》）作为君子气质的内在要求，曾子把"与朋友交而不信乎"（《论语·学而》）作为"三省"的一个内容。孔子说："人而无信，不知其可也。大车无輗，小车无軏，其何以行之哉?"（《论语·为政》）孔子将"信"比喻成輗軏，认为人不讲诚信的话，就像车子没有輗軏一样无法行驶。刘昼则把"信"比喻为船桨，两人都强调了"信"对于立行、成人的重要性。中国古代思想家们皆以为一个人只有践行了"信"，才有立身的可能。

在新时代的今天，"诚"与"信"仍然是人的美德，是一种文明素养。传统之"信"侧重于"言而有信"，但新时代的人际交往也要求"互不轻疑"。因此，诚信既包括不自欺的"内心的真诚"，不说谎的"言行的真实"，不违约地对"承诺的遵守"，也包括不轻疑对"他人的信任"。对于文明社会发展需求而言，诚信是基石；对于青少年文明素养养成教育而言，"诚信"不仅是一种内在的德性，是人的优秀品格之一，同时，它也是使人优秀的品格之一。

三、人道法天：明礼与守法

1. 人道法天

"天生烝民，有物有则。"（《诗经·大雅·烝民》）孟子认为，万事万物都有自己的法则，这一法则即是"道"。天地间客观事物运行的规律即"天道"，人类社会运行的规律、伦理道德即"人道"。古人认为作为人伦日用的"人道"应比附类推"天道"，以自然时序之"天道"为根据来确立人类社会运行的普适性与伦理性，即"人道法天"。

中国古代社会是农业社会，生产力不发达，人们为了生存、生活，获得更多物质生产资料，认识与遵循自然规律很重要。黄帝面对当时诸侯相互侵伐的乱局，"顺天地之纪，幽明之占，死生之说，存亡之难。时播百谷草木，淳化鸟兽虫蛾，旁罗日月星辰水波土石金玉，劳勤心力耳目，节用水火材物"（《史记·五帝本纪第一》）。中国古代先贤们通过观察宇宙的规律，掌握了大自然的规律，并以此而进行生产，从而使部落长久发展。这就是人道法天的最初形态。

《易传》导入阴阳的观念将此加以发展。一阴一阳的变化和《中庸》上鱼跃鸢飞、渊渟岳峙的意味并不相同。当人们看到鱼跃鸢飞、渊渟岳峙而感到这是天道的流行时，这是对于自然现象所作的价值的肯定，在这种肯定中，固然人的精神可以与自然相通相感，乃至于以此启发人的心灵，但人并不由此而受到自然现象的规定。阴阳的变化是物质性的变化。我们承认这种变化的规律性与法则性，也可以在这种规律性与法则性中启发人在行为上的规律性与法则性。

在董仲舒的思想体系中，天是人世间万事万物的本源，人道应当效法天道。在《春秋繁露》中，董仲舒就"天"做了阐释，认为"天"是一种宇宙本体意义上的存在，生活世界中的人一切都要以"天"为依据，应当顺从"天"的意志行事。赖炎元说："董仲舒所说天道的运行和变化，主要是为了建立人道。"[①] 董仲舒认为"人"也是源自于天，即"人之形体，化天数而成"（《春秋繁露·为人者天》）。既然人事自于天，那么人性就要符合天性，即"为人主者，法天之行"（《春秋繁露·离合根》）。董仲舒的这一思想为古代社会治理寻找到了一种理论根据。

---

① ［西汉］董仲舒. 春秋繁露今注今译 ［M］. 赖炎元，注译. 台北：台湾商务印书馆，1984：14.

董仲舒眼里的世界是个天人一体的世界。阴阳之道是天道，也是人道。天道有阴有阳，但尚阳不尚阴；人道有德有刑，但尚德不尚刑。天道是上帝之道，是上帝给人做的榜样，也是上帝对人的指示，所以人道应效法天道；人道的好坏又能引起天道的反应，阴阳的变化。本天道办事，就阴阳协调，风雨及时；不遵从天道，就阴阳颠倒，天降灾异。董仲舒在此承继了先秦时期的天人关系，人道法天主要是为当时政治寻找一种理论根据。中国古代社会科学技术不发达，人们对天体的认识有限，董仲舒法天之道的举措在中国古代社会治理中起到了重要作用。

古人的"天道"观源自对自然事物变化规律的观察，如四季的更迭与日月星辰的变幻。《周易》中，"观乎天文，以察时变"就是指从天体运行的变化中总结并得出"天道"观念。同时，古人又从生产劳作积累的经验中认识到要以自然时序为依据进行劳作与生产，这种认识又进一步提升了古人对这种"天道"的重视。随着对"天道"认知的加深，古代社会便形成了"天人相应"思想。在"天人相应"思想的影响之下，古人十分看重自然时序与生产劳作时机的结合，即"宜时"。"天道"作为一种自在现象，它是不证自明的。然，当时由于科学技术水平落后，人们对于许多自然现象无法给出合理的解释，随后便兴起了宗教信仰，将"天道"视作至高无上，以"天道"为根源推导出"人道"观念，同时认为"天道"赋予"人道"以至上性。然而，"人道"观念的形成就其本质而言也是源自对客观世界中自然之物呈现的运动规律的效仿。总的来说，人们心目中的"宇宙秩序"与他们具体的"经验生活"之间形成基本的映照，且双方各自借助对方的权威而相互支持，这便是人道法天的机制。

可以说，儒家之"道"是一种现实的政治秩序。儒家的学者采用"推天道以明人事"的论证方式为"人道"寻找普遍根据。他们以先验的"天道"为根源与蓝图构建"人道"。在生产生活时，他们通过观察自然现象的时序性了解"天道"的秩序，在此基础上，为"天之道"注入人文因素，"道"因而由自然秩序转向人文社会秩序。

"道"作为一种"秩序"，是"对相同和不相同的事物的一种使其各得其所的安排"①。与自然秩序相比，人类秩序更具动态性及变化性，且具有属人的价值属性。随着社会活动的日益丰富和完善，每个个体的心灵都逐渐形成了与自身相适宜的秩序，从而组成了完备而庞大的人类社会秩序。人类奋力追求的秩序实际上是一种"人的适宜的状态"。

2. 明礼

"人法地，地法天，天法道，道法自然。"（《道德经》第二十五章）古之圣人"推天道以明人事"，从日月星辰的变化中受到启发，观察自然变化之秩序，推导出人间的社会伦理秩序。这个秩序就是礼，"礼者，天地之序也"（《礼记·乐记》）。可见，在古代中国，"礼"有双重意蕴，其一，礼是宇宙之本体，其二，礼是人道之秩序。作为宇宙之本体的"天道"秩序赋予"人道"秩序以普适性，为人类社会秩序确立法则，让人间社会井然有序。"天地之序"就是人间秩序的根据。

礼可"辨人禽"。《礼记·曲礼上》有云："鹦鹉能言，不离飞鸟。猩猩能言，不离禽兽。今人而无礼，虽能言，不亦禽兽之心乎？夫唯禽兽无礼，故父子聚麀。是故圣人作，为礼以教人，使人以有礼，知自别于禽兽。"语言能力曾被认为是人类最重要的标志之一，但鹦鹉和猩猩也具备这种能力，依然被认为"不离禽兽"。儒家则指出，"礼"才是人禽之别的最本质的特点，是人与动物在生活状态上相互区别的重要标志，人能够按照礼的要求与约束来生活，动物则不能。《礼记·曲礼上》也说："是故圣人作，为礼以教人，使人以有礼，知自别于禽兽。"（《礼记·曲礼上》）人若无"礼"之约束，则几乎与禽兽无异。礼还可"分文野"。韩愈曾指出："孔子之作《春秋》也，诸侯用夷礼则夷之，进于中国则中国之。"（《原道》）在韩愈看来，孔子创作《春秋》意在展示礼与非礼的交错互动。中原的诸侯若是为夷狄之礼所化之，则与夷狄无异，夷狄之邦若是向往中原之礼且为其所化，则与中原诸侯无差。而中原之礼相较于夷狄之礼，是先进的，是更为文明的。程颢、程颐沿袭韩愈的逻辑提出了人之"失礼"的两大层级，即

① 高瑞泉. 儒家秩序观念的现代重勘：以梁漱溟为中心的讨论 ［J］. 江海学刊，2019（3）：47－53.

"礼一失则为夷狄，再失则为禽兽"①。中原之礼与夷狄之礼即可"分文野"，有礼与无礼则可"辨人禽"。

礼可"辨人禽""分文野"的根本在于礼对人之欲望的节制，对人之行为的约束。礼之起就在于节欲。《荀子·礼论》曾说："人生而有欲，欲而不得，则不能无求。求而无度量分界，则不能不争；争则乱，乱则穷。先王恶其乱也，故制礼义以分之，以养人之欲，给人之求。使欲必不穷乎物，物必不屈于欲。两者相持而长，是礼之所起也。故礼者养也。"礼，首先是源于对欲望的节制，是使欲望和外物得以平衡而制定的一些规则。礼也用来约束、规范人们在社会活动和日常生活中的举止言行。所以，孔子说："夫礼，先王以承天之道，以治人之情。"（《礼记·礼运》）礼，是先王承接天道之所化，以调治人情所作。礼是人们在行事中不能逾越的底线，是为人处世的标准与根本，更是对他人恭敬之心的外在表现，故有"不学礼，无以立"（《论语·季氏》）之说。它广泛应用于家庭、社会、国家的治理中，是家庭和睦、社会安定之保障，是维护社会有序运转的基石。

礼的基本精神就是"敬"。"礼者，敬而已矣。"（《孝经·广要道章》）无敬不成礼。《礼记·曲礼上》开篇就指出"毋不敬"，孔颖达疏："'毋不敬'者，人君行礼，无有不敬，行五礼皆须敬也。"② 吉、凶、宾、军、嘉五礼，无一不以"敬"为其底色。孟子也说："君子所以异于人者，以其存心也。君子以仁存心，以礼存心。仁者爱人，有礼者敬人。爱人者人恒爱之，敬人者人恒敬之。"（《孟子·离娄下》）

"礼"由起初的习俗与原始宗教活动发展成为社会的政治制度与人的日常行为规范。随着时代的变迁，古代之"礼"所内含的封建等级意义也随着封建制度的瓦解逐渐消失，"礼"的一些不合理、不平等的因素因与当今社会的发展相脱节也代之以文明礼仪、交往之礼。但古典"礼"之积极意义仍然是现代之礼的核心。

不论是在传统社会里还是在现代社会中，一个人要从"自然人"过渡

---

① ［宋］程颢，程颐. 二程集：上册［M］. 北京：中华书局，1981：43.
② ［唐］孔颖达. 礼记正义：上册［M］. 上海：上海古籍出版社，2008：6.

到"文明人",首先需要"明礼"。"礼"是人之为人并与动物相区别的本质属性,是人类从野蛮走向文明的分野,是一种分寸感,是体现社会文明程度的突出标志之一。传统儒家把"礼"看成人类文明的底色,认为"礼"是人修身立命的行为准则和社会治理标准。因此,"礼"在人的文明素养养成中起着关键作用。礼之本质,行修言道也。

3. 守法

习近平总书记在党的十九大报告中提出,"全面依法治国是中国特色社会主义的本质要求和重要保障",同时明确了"提高全民族法治素养和道德素质"① 的目标。

"法治"即"守法之治",无论是立法者、执法者或是司法者均是"守法者",他们在立法、执法、司法的过程中均需遵守规范。"守法"是"法治"的首要含义,亚里士多德也曾表示法治的第一要义即"已成立的法律获得普遍的服从"②。因此,青少年法治素养培育的核心即是守法意识的培育。

长期以来,中国古代社会是一个"伦理型社会",法治文化建设相对滞后,社会治理与秩序的维护主要依靠伦理道德。另外,中国古代社会是等级社会,是人情社会,也是信奉官本位的社会。"刑不上大夫,礼不下庶人"是等级社会的特点之一。士大夫犯了法并不会受到严酷的刑罚。另一方面,"人情大于法度"的观念也使得古代法律并没有具备真正的威望。除人情之外,对权力的信奉也削弱了法的地位。可以说,"伦理型"的中国传统社会是一个"礼治社会"而非"法治社会"。由于这些传统观念的遗留,当今现实生活中,仍有人信权不信法、信访不信法、信人不信法。当遇到问题或发生矛盾时,这些人并不会通过法律手段来解决。因此,要建立一个真正的法治社会一定要科学立法,科学立法的核心就是要凸显公平、公正,这种公平、公正要摒除传统社会中等级、人情与权力的因素,赋予法

---

① 习近平. 在中国共产党第十九次全国代表大会上的报告:决胜全面建成小康社会 夺取新时代中国特色社会主义伟大胜利[R/OL]. (2017-10-27)[2017-10-27]. https://www.gov.cn/zhuanti/2017-10/27/content_5234876.htm.

② [古希腊] 亚里士多德. 政治学[M]. 吴寿彭,译. 北京:商务印书馆,2017:202.

律以绝对的效率与权威。罗伯斯比尔就曾指出："法律的效力是以它所引起的爱戴和尊重为转移的，而这种爱戴和这种尊重是以内心感到法律公正和合理为转移的。"① 因此，务必要使全体公民特别是青少年在日常生活中体会到法律的公平和正义，信任法律，认识到法律是社会治理的最佳手段，只有这样，他们才会真正从内心出发去尊重法律，从而信仰法律。事实上，也只有青少年对法律发自内心地、真诚地拥戴与信仰，法律才能拥有真正的权威。也只有全民信仰法律，才能有助于外在法律规范内化为个体的守法信念。

除表现为对实在法（法律）的信任的经验进路外，守法还有另一条进路，即超验进路。超验进路表现为对自然法的信仰。经验进路的哲学基础在于人们在经验中直观感受到法律本身的可靠性与有效性，而超验进路则不需要经验的直观作为基础，甚至超验的自然法本身就是实在法的"相"，它代表着一种可以被感知、可以被认识的永恒秩序，它指导并决定着西方的现实立法。托马斯·阿奎纳曾在《神学大全》中指出，这种超验之法就是永恒法和自然法，人法必须与永恒法以及自然法相一致。

青少年法治素养要培育青少年对于法律的信任，更要培育对法的信仰。虽然许多西方思想家将自然法视为超验的，视为是形而上学的最高存在者颁布的教条，但这里所说的"对法的信仰"并不是指对这种教条的服从，而是指对中国传统思想里"天道"秩序，即客观存在的"宇宙秩序"的崇敬与信仰。对法律的信仰要求人们以信仰的方式去遵守整体的法，而不仅仅是遵守法律条文。这种整体的法即整体的社会生活规则，其彰显的正是客观的"宇宙秩序"。青少年守法意识的培育即要从信任到信仰，构建起一条连续的"遵法—尊法"路径。

青少年法治素养培育的落脚点在于培育青少年群体的法治能力。法治能力包括预见能力、评价能力、维权能力等。

预见能力是指人们依据经验知识，凭借逻辑推理，预判行为可能招致的法律后果的能力。康德认为，"拥有这种能力，比拥有其他任何能力都更

---

① ［法］罗伯斯比尔. 革命法制和审判［M］. 赵涵舆，译. 北京：商务印书馆，2017：78.

为利益攸关，因为它是一切可能的实践的条件，是人使用自己的力量与之相关的目的"①。预见能力可以帮助人们积极且有方向性地对未来进行干预和选择，避免一些可能招致不良后果的行为。因而，青少年法治素养首先要培育他们预见自己行为的可能的法律后果的能力，从而尽可能确保行动的正确性，避免违法行为的发生。"有些后果并不仅仅是一种偶然事项。可以预见，本身错误的行为可能会招致某种特定的不良后果，而这种不良后果不仅仅是偶然的。这些后果的不良性源于行为本身的错误之处，因此这些行为与其后果之间存在着一种合理的概念性联系。这些后果从一开始就表明了该行为的错误之处……例如，习惯性和系统性说谎，或习惯性和系统性的不公正，在人类生活中会产生不良影响，这并非偶然。可以预见，这些习惯可能会破坏相互信任和尊重，这不是偶然的，而是因为接受这些后果就是行为的一部分。说谎或不公正的行为本身就是不尊重和不值得信任的表现，因此它们不可避免地会引起更多同样的行为。"② 因而人们需要掌握足够的法律知识，具备法律思维，以判断行为与后果之间存在的因果联系。例如，刑法中就区别了故意犯罪和过失犯罪。

评价能力指评价行为之合法性的能力，即人们基于特定的法律及法治原则对自己或他人的行为作出合法性判断的能力。评价的前提之一是评价者需要掌握一定的法律知识，具备法治观念，了解社会生活中人们普遍遵循的行为准则。另一个前提是，评价者不能人云亦云，要能独立给出自己的评价。既要考虑行为的动机，也要考虑行为导致的结果，还要考虑外部环境因素等。

维权能力是维护自己或他人合法权益的能力。"维权"要"依法维权"，即通过合法的途径维护自己或他人的正当权益。培养青少年的维权能力首先要让他们了解自己的权利。了解了自己的权利就能正确判断侵权行为。其次要培养他们寻求权益保护的能力。寻求权益保护的方式主要有两种，

---

① ［德］康德. 康德著作全集：第 7 卷 ［M］. 李秋零，主编. 北京：中国人民大学出版社，2008：178.

② MARY MIDGLEY. The Essential Mary Midgley ［M］. London & New York：Routledge，2005：271.

一种是诉讼，一种是非诉讼，非诉讼包括协商、调解、仲裁等。当然，维权的对象不仅是自己的合法权益，也包括他人的合法权益。

青少年作为社会主义现代化事业的建设者和接班人，他们肩负着实现中华民族伟大复兴的历史重任，因而也承担着建设社会主义法治国家的重要任务。青少年群体的法治素养是法治国家的内在灵魂与精神底蕴，因此，在教育中，我们要引导青少年对法的崇尚、尊重与敬畏，培养他们的法治素养，使他们认识到依法治国是人类社会最佳的选择。

四、克勤克俭：自强与节俭

1. 自强不息是中国人的核心精神

"天行健，君子以自强不息。"（《易传·象传上》）在中国人看来，"自强不息"是天之道，人应"法地""法天"，因此，"自强不息"也就必然成为了人之道。"自强不息"源于中华民族的"生生"精神。中国古代的"生生"观最初是描述宇宙的创生过程，即"天地之大德曰生"（《易传·系辞下》）。孟子将"生生"观从宇宙论扩展至人，关注人之生命与生存。"生生"涵盖了所有人，"生生"不以地位、身份为转移。基于这种普遍的"生生"观，孟子提出了"使民养生丧死无憾"（《孟子·梁惠王上》）等观点。"生生"体现了中国人"重生"之情怀。

中华民族在"生生"观中孕育了其民族的核心精神——自强不息。人类文明史的发展史显示，人与自然的矛盾与矛盾的解决构成了人类文明发展的主要动力。《尚书·盘庚中》对盘庚迁都有过记载，其中盘庚为劝说人们搬迁说道："往哉，生生！今予将试以汝迁，永建乃家。"（《尚书·商书·盘庚中》）迁都的唯一目的即是生存。为了生存，人类在与自然的斗争之间，发展出了生生不息、自强不息的精神。自强不息即是人们应战自然之挑战的精神，这种精神构成了中国传统精神的核心。

新时代青少年文明素养养成教育要培养青少年群体自强不息和奋斗不已的精神。社会主义建设不可能一蹴而就，这是一条漫长又曲折的道路，作为社会主义的建设者与接班人，新时代青少年要有自强不息的意志力与奋斗不已的精神，才能更好地从前人手上接过这一棒。

2. 节约是传统美德也是时代必然

中华民族素有"俭以养德"的价值导向，认为节俭是一个人对生活的态度，也是一个人良好德行的彰显。在众多的传统节约思想中，儒家的"黜奢崇俭"（［清］陈康祺《郎潜纪闻》卷七）最为盛行。在那个崇尚"礼"的时代，孔子的节约思想也体现了"礼"之崇高而不可违的精神，即"俭不违礼"①。在孔子看来，应该在"礼"所确立的规范之内倡导节约。荀子也认为节约应符合"礼"之标准，遂主张"节用以礼"（《荀子·富国》）。在物质财富有限并等级森严的社会里，思想家们的节约观更多是对统治阶级的关注，如荀子提出的"节用裕民"（《荀子·富国》）。在荀子看来，统治阶级应施行节约政策，减少财政支出，财富才得以不断累积，使人民富足。与儒家"俭不违礼"的思想相反，墨子则提倡"不分贵贱"的"节用"观，既谴责"君奢"，也反对"民淫"，同时，他还主张在衣、食、住、行等各方面都应坚持"实用"原则。除此之外，老子从"道"的角度阐释了对节约的理解，即"少私寡欲"（《道德经》第十九章）。老子虽注重节约，但也没有完全否定人之私欲，老子提倡的是一种"知足""知止"的节约观。古代思想家们认为"俭，德之共也；侈，恶之大也"（《左传·庄公二十四年》），即俭朴是良好道德的基础，奢侈则是一切恶行的根源。同时，在节约的方法上也提出了一些见解，如"民生在勤，勤则不匮"（《左传·宣公十二年》）。《尚书》中也有"克勤克俭"（《尚书·大禹谟》）。传统节约思想认为节约能富民，能兴国，能安邦。如唐代诗人李商隐在历览了朝代兴亡的史实后，总结道："成由勤俭破由奢。"（［唐］李商隐《咏史》）可见，勤俭节约这一美德大到可以成就一个王朝的兴盛，而奢靡之风则可能让一个国家破败。总而言之，节约是中华民族的传统美德，在这种传统的节约观下，折射出来的是人们对生活的态度，彰显的是人们的良好德行。

近现代，一些知识分子为"求富"，反对"抑奢"，提倡"科学消费"，

---

① 胡寄窗. 中国经济思想史简编［M］. 上海：立信会计出版社，1997：47.

建立了一种新型消费理念。诚然,这种"科学消费"尽管没有全然否定传统节约思想,并且能在某程度上刺激经济的发展,有一定的积极作用,但这种新型消费理念带来的冲击极大。同时,由于传统社会没有"公"的概念,人们无法认识到"公共财产"这一理念,节约思想也就只停留在"私"的层面。因此,现代社会在转型中出现了"重私轻公"等一些价值观。受这种价值观的影响,现代社会中节约风气不胜从前。在公共领域,人们对于公共财产常怀着"公家的东西不用白不用,反正不用自己掏钱"的观念浪费资源。此外,"面子"的观念与"虚荣心"也为浪费开辟了道路。自古以来,中华民族以"礼仪之邦"闻名天下,每个中国人身上都保留着热情好客、大方豪爽的优良传统,在物质条件得到丰富发展的今天,这种优良传统部分地异化成了虚荣心。更严重的是,这种错误的价值观可能在社会上造成一种病态心理与不良的社会风气。

四十余年的改革开放使得中国社会发生了翻天覆地的变化,人们的物质生活水平也得到了极大的提高,一部分富裕的人开始追求高档轿车、豪华住宅,以及各种各样的高档消费,我们不去否定这种追求。然,一旦这种追求蔚然成风,中华民族的传统美德——勤俭节约——在一部分人眼中就成了"穷酸潦倒"的代名词,铺张浪费、穷奢极欲往往被看成是事业成功的彰显,备受人们关注与羡慕。另外,在消费中出现的奢侈观也强烈地冲击了青少年的节约意识。人们不再满足于吃饱穿暖,这是好事,这是对美好生活追求的显现,但是现实生活中,尤其在各种广告的诱惑之下,人们购物不是依据现实的需求,而是跟随广告的宣传,追品牌、追名牌、追奢侈、追高定。更有甚者,曲解了"科学消费"的含义,认为浪费也是一种消费,奢侈还能促进社会经济的发展。这些观念极大地冲击了国人的节约意识,尤其是青少年的节约意识。

节约意识归根结底是基于对人类、对大自然的一种真挚情感。这种真挚情感表现为"爱人",也"爱物"。基于"爱人"的节约观,人们应该秉持人类命运共同体理念,对全部人类负责。基于"爱物"的节约观,人们应该秉持"地球生命共同体"思想,共同创建人与自然和谐共生的美好画面。人与自然是密不可分的一个整体,大自然是我们赖以生存的物质基础与前提。人类在向大自然掘取资源并发展自身的同时，要关爱与保护我们的地球，保护大自然就是保护我们自身。相反，只知掘取，过度开发，甚至违背自然规律，最终将会导致环境的日益恶化，并对人类造成无法挽回的损失。恩格斯说过："我们不要过分陶醉于我们人类对自然界的胜利。对于每一次这样的胜利，自然界都对我们进行报复。"① 因此，在培养青少年节约意识时，要教育青少年尊重自然、敬畏自然，更要关爱自然。

显然，节约作为一种价值导向，它不仅蕴含了人与人之间的深切关怀，彰显了人与自然"万物一体"的思想境界，更体现了代际之间的崇高责任。因此，我们要引导青少年站在全人类的高度，本着对未来和对整个人类共同体负责的态度，认识节约精神，培养节约意识。节约不仅关乎个体，更关乎着整个人类。

第二节　新时代青少年文明素养养成教育的理想型

理想型文明素养是建立在基础型文明素养之上的一种素养，是对于青少年文明素养提出的更高要求，它体现出一种新时代的时代特征。理想型文明素养包括内含天人合一思想的生态人格、彰显天下兴亡匹夫有责的家国情怀、以天下大同为底蕴的人类命运共同体意识与追求至美至乐的艺术人生。

一、天人合一：生态人格

1. 天人合一

天人关系在中国古代社会是一个重要的哲学范畴。思想家们对于天的理解大致有三，其一，认为"天"是最高的主宰，其二，认为"天"是自然之天，其三，认为"天"是义理之天。学者们给"天"赋予了多重含义，

---

① 马克思恩格斯全集：第二十六卷［M］. 北京：人民出版社，2014：769.

其中，"自然之天"得到了公认。因此，可以认为天人关系之中一定包含着人与自然的关系。而在种种关于人与自然之关系的学说中，"天人合一"思想是主流思想。

"天人合一"思想起源于西周，经过孟子、董仲舒等一众学者的继承与发展，在宋代达到成熟。其中，孟子"知性知天"的思想对于宋明理学家影响深远。张载的"天人合一"观与程颢的"天人本一"观都是在肯定天人关系的统一性，强调人与自然并非决然对立，而是共存，"合一"或"本一"也就是对立统一。此外，张载在《西铭》中所指出的"乾称父，坤称母；予兹藐焉，乃混然中处。故天地之塞，吾其体"（《正蒙·乾称》），实际是在说，人是天地之产物；在《正蒙·参两》中所指出的"若阴阳之气，则循环迭至，聚散相荡，升降相求，絪缊相揉，盖相兼相制，欲一之而不能，此其所以屈伸无方，运行不息，莫或使之，不曰性命之理，谓之何哉"（《正蒙·参两》），即是在表明自然有自身之法则。可以说，中国古代"天人合一"思想蕴含了思想家们朴素的生态文明理念。

相较主流的"天人合一"思想，荀子则持"天人相分"的观点，并提出了"制天"思想。但他的"制天"并非提倡无节制地"制天"。他指出："圣王之制也，草木荣华滋硕之时，则斧斤不入山林，不夭其生，不绝其长也；鼋鼍、鱼鳖、鳅鳝孕别之时，罔罟毒药不入泽，不夭其生，不绝其长也；春耕、夏耘、秋收、冬藏四者不失时，故五谷不绝而百姓有余食也；洿池、渊沼、川泽谨其时禁，故鱼鳖优多而百姓有余用也；斩伐养长不失其时，故山林不童而百姓有余材也。圣王之用也，上察于天，下错于地，塞备天地之间，加施万物之上，微而明，短而长，狭而广，神明博大以至约。故曰：一与一是为人者，谓之圣人。"（《荀子·王制》）显然，荀子的"制天"理念是建立在尊重自然的基础之上的，他主张依循规律利用自然。另外《易经》也提出"财成天地之道，辅相天地之宜"（《易经·泰卦》）的思想，认为要在顺应自然的基础上改造自然，使其满足人类的需求。这些思想显然都是对天人关系之协调性的追求。

诞生于地中海一带的西方文明则截然不同。严峻的自然环境不仅没能提供丰厚的农耕资源，还给人的生存造成了威胁，为了生存，人们不得不与自然抗衡，于是，西方文明则诞生了"天人二分"思想，即人与自然对立，主张征服自然，改造自然。西方这一"戡天"思想传入我国后，强化了荀子"制天"观念。但不考虑自然生长的规律而一味地"制天"会破坏自然环境与生态平衡，破坏人类的生存环境，从而导致严重的后果。然而，中国古代社会是农业文明社会，人与自然的矛盾远没现代工业文明中的这么尖锐。因此，人们并没有高度关注生态，也没有明确提出"生态文明"概念。随着西方工业文明的发展，人与自然之间的界线愈发清晰，人类征服自然的欲望越来越强，人与自然的矛盾也日益突出。自然对于人类的"报复"让人们逐渐开始关注生态话题。因而新时代，我国提出要建设人与自然和谐共生的生态文明。

2. 生态人格

每一种文明都拥有一种与之相对应的自然观。例如，工业文明对应着机械论自然观。这种自然观内含着天人相分的思想，坚持人与自然世界不仅是分离的，而且是对立的。自然世界是一个有着类似钟表结构的巨大机器，人类可以对这个机器进行拆卸，并依据自己的意愿重新组装。同时，自然世界在人类面前就是一个巨大的资源储存库，是供人们征服和使用的对象。在机械论自然观的主导下，逐渐形成了人类中心主义的价值观，强调自然世界的惰性与人类的主观能动性。人们为追求物质文明的发展，不断突破自然规律，打破生态平衡，最终导致全球性生态危机。此外，在以人类中心主义为主导的工业文明的影响下，人的理性能力得到前所未有的张扬。大规模的机械化生产在很大程度上改善了人类的物质生活状况，蓬勃发展的科技革新也不断刺激着人们对大自然进行持续的征服。沉浸在众多"辉煌成就"当中的人类，愈发乐观自信，他们相信可以仅仅凭借由人类理性创造的科学技术就能解释一切，给世界"祛魅"。大自然不仅因此失去了其独立性与价值，人也因此被异化为纯粹的"理性经济人"。他们以功利主义安身立命，从而使得信仰与审美等精神体验退出了社会生活。显然，工业文明催生的与之相适应的人格就是这种"理性经济人"人格。这种人格没有，也无法认识到人与自然世界的连续性与统一性，这种思想也不可能真正揭示出人与自然世界内在统一的关系。

对于建设人与自然和谐共生的生态文明这一愿景,"理性经济人"显然无济于事。因而,我们需要变革"理性经济人"的人格图式,塑造一种与生态文明相匹配的新型人格,即生态人格。

生态人格是一种与生态文明相适应的理想型道德人格。生态人格内含人与自然连续统一的自然观以及人与自然和谐共融的实践观。生态人格体现了人的全面发展的要求。

事实上,在现代性生态危机以及各种科学证据面前,人类已经逐渐认识到了自然世界的真相,认识到人与自然连续统一的关系。正如罗尔斯顿所言,"荒野是一个伟大的生命之源,我们都是由它产生出来的。这生命之源不仅产生了我们人类,而且还在其他生命形式中流动"①,"在历史上是荒野产生了我,而且现在荒野代表的生态过程也还在造就着我",因而"荒野并不仅仅是作为一种资源,对我们的体验有工具性价值;我们发现,荒野乃是人类经验最重要的'源',而人类体验是被我们视作具有内在价值的"②。也就是说,自然世界有其独立性与价值,它是自足的,它不依赖于人的存在而存在,且先于人而存在。除此之外,自然世界还有其自身运行的法则。人与自然世界的连续性则表现为世间万物(包括人)同源同构。人,以及其他非人动物都脱胎于自然世界,是自然的产物,且人自诞生之日起就一直与自然世界进行着物质交换。一方面,自然世界维持着人类的繁衍与生息,并且满足了人类持续发展的多样性需求。也就是说,人依靠自然世界生存与生活。另一方面,人类及其他生命有机体对自然世界的反馈稳定了地球表面的温度,确保地球表面的温度不会升得太高。这样,大气层就足够坚固,足以让地球避免火星的命运。不仅如此,"一方水土养一方人",人与自然世界在精神方面也是统一的。诞生于环境险峻的地中海地区的"蓝色文明"与发祥于长江流域的"黄色文明"就塑造了两种不同性

---

① [美]罗尔斯顿. 哲学走向荒野[M]. 刘耳,叶平,译. 长春:吉林人民出版社,2000:214.

② [美]罗尔斯顿. 哲学走向荒野[M]. 刘耳,叶平,译. 长春:吉林人民出版社,2000:213.

格的人。

总而言之，人作为自然的造物，是自然世界的一部分，他（她）绝不能代表作为统一体的自足自然的特点，也无从解释自然世界内在的自然法则。这种自然法则就是康德在《实践理性批判》中提及的"头上的星空"，对于这个"星空"，"人们越是经常持久地对之凝神思索，它们就越是使内心充满常新而日增的惊奇和敬畏"①。这种对大自然的伟大及神秘怀有惊叹感和敬畏心的态度正是生态人格试图追寻的。

诚然，生态人格在认知上有所萌芽，但它并非仅仅停留于此，它是一个实践问题。生态人格内涵的实践观是人与自然和谐共融的实践观。具体来说，这种实践观就是党的十九大报告中指出的"绿色发展方式和绿色生活方式"②。作为新时代时尚的生活方式之一，绿色生活方式就其本质而言，是一种环保型生活方式，其目的是保持可持续发展，这种发展以生态化要求为准则，即按照生态规律进行生产和生活。绿色生活方式力求在自然环境资源与社会需求之间保持平衡，保护生态环境及生物多样性，追求社会可持续发展。其主要特征为：倡导低碳环保的生活，适度简约以及节约集约利用资源。绿色生活方式的提出充分彰显了现代文明人的科学价值理念和文明生活态度。

绿色生活方式具体体现在认同并践行绿色发展这一理念。这种生活方式紧密联系着每一个人的生存生活，同时还影响着社会生产实践活动，因而在实现美丽中国目标的过程中发挥着关键作用。现实生活中，每个人都在促进生活方式低碳化、绿色化的生活中扮演着重要的角色。积极践行绿色生活方式是生态人格的一种表现形式。因此，我们要积极培养青少年践行绿色生活方式，从而塑造他们的生态人格。这不仅是生态文明建设的新型人格诉求，更是人的全面发展的要求。

---

① ［德］康德. 实践理性批判［M］. 邓晓芒，译. 北京：人民出版社，2003：220.
② 习近平. 在中国共产党第十九次全国代表大会上的报告：决胜全面建成小康社会　夺取新时代中国特色社会主义伟大胜利［R/OL］.　（2017 – 10 – 27）　［2017 – 10 – 27］. https：//www. gov. cn/zhuanti/2017 – 10/27/content_ 5234876. htm.

二、天下兴亡匹夫有责：家国情怀

"《二十四史》非史也，二十四姓之家谱而已。"① 在中国传统社会中，"家"亦"国"，"国"亦"家"，"家国同构"是古代社会重要特征之一。古代中国以血缘关系来确立政治关系，君父同伦，忠孝一体是"家国同构"思想的本质与内涵。在如此的社会结构之中，基于亲缘关系，人们对"家"和"国"产生了一种自然情感，这种自然情感后升华为中华儿女所特有的"家国情怀"。"家国情怀"根植于亲缘关系，其实质是一种情感认同，这种情感认同有着强大的凝聚力。

家国情怀中包含了爱国主义，但又超越了爱国主义。爱国主义的对象为"国家"，"国家"是一个政治学名词，指"在一个政府统治之下的一辈人民所引成的一个政治团体"②，或称政治共同体③。现代意义上的国家，不论是"一个阶级镇压另一个阶级的机器"④，还是"为政体提供秩序和连续性的公共权力"⑤，均突出了强烈的政治性。因此，作为政治文明的产物，爱国主义也沾染了一定的政治色彩，除情感外，它更多地体现为一种责任与义务。爱国主义强调国家利益与集体利益高于个人利益，许多学者将其视为一种道德规范与政治规范。而家国情怀的对象是"家国"，"家国"中既有"家"又有"国"，是由"家"至"国"的"家国同构"思想的产物。显而易见，"家"建立在亲缘基础之上，在亲缘关系中，人们更容易生成一种自然情感——爱。可以说，家国情怀是建立在爱这一情感之上的一种心境。除了爱国之情外，它还有一种乡梓之情，这种情感起源于人们"生于斯，长于斯"的乡土观念与物缘情结，表现为对故土、家园与亲友的眷念。因此，家国情怀涵盖了爱国主义，又超越了爱国主义。

总而言之，家国情怀表达着个体心系祖国，对祖国怀着的浑厚的情感。

---

① 梁启超. 新史学［M］. 北京：商务印书馆，2014：85.

② 转引自苏航. 论费孝通的民族与国家观念——一个"费孝通转换"的视角［J］. 西北师大学报（社会科学版），2018，55（6）：59-67.

③ 何怀宏. 新纲常：探讨中国社会的道德根基［M］. 成都：四川人民出版社，2013：158.

④ 马克思恩格斯选集：第三卷［M］. 北京：人民出版社，2012：55.

⑤ 吴惕安，俞可平. 当代西方国家理论评析［M］. 西安：陕西人民出版社，1994：116.

也许家国情怀在不同历史时期的导向有所差异，但其核心内容却一脉相承。

家国情怀作为青少年理想型文明素养的内容之一，对于人的意义世界的建构有极其重要的意义。家国情怀要培育的是青少年强烈的主体意识和担当精神。每个人都要参与到国家建设的实践中，每个人都能够深刻地体会到家国情怀的内涵与本质，将这种家国之情怀转化为推动国家与社会建设及完善自身的强大动力。

三、天下大同：人类命运共同体意识

1. 天下大同是中国古代社会的理想状态

"大道之行也，天下为公，选贤与能，讲信修睦，故人不独亲其亲，不独子其子，使老有所终，壮有所用，幼有所长，矜、寡、孤、独、废疾者皆有所养，男有分，女有归。货恶其弃于地也，不必藏于己；力恶其不出于身也，不必为己。是故谋闭而不兴，盗窃乱贼而不作，故外户而不闭，是谓大同。"（《礼记·礼运》）

"天下大同"是中国传统社会对"天下"的理想愿景。由于中国疆域本身辽阔，加之古人对空间的感知受到科技等条件的限制，人们对于"天下"的想象因而也受到限制。古人认为，"天下"即"王土"，亦即"国土"。如前所述，在"家国同构"的政治结构下，"国"并非指现代民族国家。因而"天下"概念也并不等同于现在所说的"世界"。尽管如此，"天下大同"这一理想也足以体现出中华文明包容开放的特征。事实上，"天下大同"远不止《礼运》中描述的那样。古代中国通过各种方式实现的辉煌的"大一统"证明了"天下大同"还包括"同天下之利"，"协和万邦"，"天下归仁"以及"共趋文明"等思想。

中国自古以来就是一个统一的多民族国家。传统社会对于"天下大同"的理解基于世界之共有性与统一性。首先，传统社会的"大同"理想认为世界是人类共有的，是所有人类的家园，疆域以及民族的划分无法彻底分开人类，语言与思想的差异亦是如此。"天下"不是大写的"国家"，人们不以"国家"观"天下"，而是"以天下观天下"（《道德经》第五十四章）。相反，"国家"才是小写的"天下"。"天下大同"的理想一直强调世界是一个统一的整体，有其独立的价值基础。众多民族民心相通，共同遵循同一套价值体系，共赴同一个发展方向，呈现出"多元统一"且"殊途同归"的趋势。这种"天下大同"的社会理想效法天地包容一切，赋予中华文明以包容与开放的特性。

2. 人类命运共同体是天下大同理想的创新性发展

自习近平总书记在 2013 年提出构建"人类命运共同体"时起，这一命题就得到了各种世界组织的积极响应，且被载入联合国的多项相关决议。"推动构建人类命运共同体，推动建设持久和平、共同繁荣的和谐世界"是中国共产党人的理想与使命，也于 2018 年成为了我国的国家法律。

"人类命运共同体"这一理想继承了"天下大同"理想中世界之共有性与统一性的传统信念。习近平总书记曾指出："世界经济的大海，你要还是不要，都在那儿，是回避不了的。想人为切断各国经济的资金流、技术流、产品流、产业流、人员流，让世界经济的大海退回到一个一个孤立的小湖泊、小河流，是不可能的，也是不符合历史潮流的。""人类已经成为你中有我、我中有你的命运共同体，利益高度融合，彼此相互依存。每个国家都有发展权利，同时都应该在更加广阔的层面考虑自身利益，不能以损害其他国家利益为代价。""搞保护主义如同把自己关进黑屋子，看似躲过了风吹雨打，但也隔绝了阳光和空气。"① 全球性经济危机、全球性生态危机等各种事实无一不验证了"人类命运共同体"这一命题的真理性。

新时代"人类命运共同体"这一命题的提出是基于对"类"的反思。

"类"即"总集各种具有共同本质属性的存在物的一般概念"②。因此，"人类"概念的诞生即表明了人对于人之为人而区别于其他物的共同的普遍的本质属性的认识。费尔巴哈提出"类"概念，在其看来，"类"有两层含义，一为人的本质属性，即理性、意志、心，一为"你"，即除"我"以外的个体的集合，这个集合从空间上讲，表现为社会或共同体，从时间上看，

---

① 习近平. 在世界经济论坛 2017 年年会开幕式上的主旨演讲：共担时代责任 共促全球发展 [R/OL]. (2017 – 01 – 18) [2017 – 01 – 18]. http：//jhsjk. people. cn/article/29032027.

② 贺来. 马克思哲学的"类"概念与"人类命运共同体" [J]. 哲学研究，2016（8）：3 – 9 + 128.

指历史长河中的人类整体。

　　个体何以需要结成"类"，成为"类存在"？一方面，"类"可以补偿个体的缺陷，使个体得以完善。费尔巴哈曾指出："友谊以一个人的德行来补偿别人的缺点。"① 在费尔巴哈看来，个体都是有限的，他们都有着各自的弱点和缺陷，而个体的弱点和缺陷并不是人类的弱点和缺陷，个体的这种有限性可以在"类"的共同体中相互补偿。个体的"我"是不完善的，但众多的个体结合成"类"时，每一个个体的弱点和缺陷就能得到补偿，也就是说，"类"可以完善个体。个体也只有作为"类存在者"才能避免独自面对生活中的困难，此外，"类"的力量还可以满足不同个体多样化的需求。另一方面，"类"可以突破个体的局限，使人类得以持续发展。费尔巴哈认为人类历史是"不断地克服在某一个特定时代里被认为是人类之界限、从而被认为是绝对而不可逾越的界限的那些界限……所谓类之界限，其实只是个体们的界限而已"②。诚然，个体是有限的，他们都被限制于特定的时代里，"类"则不然。作为人类整体的"类"是无限的。在不断发展的"类"之中，未来的"类"总能克服先辈们的局限，人类总是在不断地拓展其能力，并以此实现人类的持续发展与进步。

　　马克思从人的生命活动出发理解人的"类"本质属性，并指出："一个种的整体特性、种的类特性就在于生命活动的性质，而自由的有意识的活动恰恰就是人的类特性。"③ 不同于费尔巴哈，在马克思看来，人的本质属性是有意识的实践活动。人只有"在改造对象世界中"方可证明自己是"类存在"。在改造对象世界的过程中，人与自然，人与人便处于一种特殊的共同体关系之中。一方面，人在改造自然界时，与自然界形成了否定性统一的关系，在这个关系之中，人以其特有的实践活动间接地占有自然之物，将自然之物转化为"为我"之物，转化为"人的延伸"，自然世界便被"人化"为了属人世界的一部分。另一方面，人与自然这种特殊统一关系的实现要建立在人与人的关系之上。因为只有在人类社会中，自然界才是人

---

① ［德］费尔巴哈. 基督教的本质［M］. 荣震华，译. 北京：商务印书馆，1984：213.
② ［德］费尔巴哈. 基督教的本质［M］. 荣震华，译. 北京：商务印书馆，1984：208.
③ 马克思恩格斯选集：第一卷［M］. 北京：人民出版社，2012：56.

自己的，是人的存在的基础，是人的现实的生活要素。这个"人类社会"是内在统一的个体所连结成的"共同体"，"只有在共同体中，个人才能获得全面发展其才能的手段"①。在这样的共同体中，人不再是原子化的个人，他们休戚与共，命运与共。这种对"类"的认识以及共同体关系的实现为人类命运共同体观念的诞生提供了思想依据。

3. 天下殊途而同归

"在这个全球化时代，几乎所有国家内部社会的问题都已经无法避免地与国际问题联系在一起，在这个世界上，现在已经不可能有与世界无关的'自己的'问题。"② 广大的天下，广阔的世间，人与人之间的利益无论怎样对立，文化或价值观念无论有多大差异，有一点一定是确定的，那就是他们的命运终将一致，即："天下同归而殊途，一致而百虑。"（《周易·系辞下》）因此，多种文明之间要坚持交流互鉴，各种价值理念要兼容并蓄，如此方能实现合作共赢。习近平总书记指出："文明之间要对话，不要排斥；要交流，不要取代。"③ 我们可以坚信，人类文化发展的最后格局一定是从全面冲突走向求同存异。所谓"同"即文化理念相同，所谓"异"即文化表达形式各异。而"同"的价值将远大于"异"的价值。不可否认，实现人类命运共同体需要高度发达的科学技术，需要完备的世界法律秩序，需要广泛的国际民主与协商，需要强有力的国际性组织机构……上述这些"需要"的确是人类走向大同不可或缺的条件。但这些需要都只是我们和平共处、走向大同所应借助的手段与力量，只有大同才是人类社会最终的目的与归宿。

千年前，古人以实现天下大同为理想；新时代，我们以推动构建人类命运共同体为目标。在互联互通的今天，环境污染、大气变暖、核扩散等，不仅关乎着某个国家的利益，更是与全人类的共同利益紧密相连。我们要唤醒青少年群体的类本性，唤醒他们对全人类的责任意识，唤醒人类命运

---

① 马克思恩格斯选集：第一卷［M］．北京：人民出版社，2012：199.
② 赵汀阳."天下体系"：帝国与世界制度［J］．世界哲学，2003（5）：2-33.
③ 习近平．习近平在联合国成立70周年系列峰会上的讲话［M］．北京：人民出版社，2015：18.

共同体意识，以在新时代实现新的天下大同。

四、至美至乐：艺术人生

因为现代性要求与催生的专业分工与学科分化，科学（自然科学）与人文（或称艺术）被割裂成相互对立的"两种文化"。科学与技术极大地改善了人类的物质生活水平，因而人文（艺术）遭遇了前所未有的学科危机。以工具理性为基础的自然科学越走越远，一切问题都可以在理性那里得到解决。自然科学的研究方法逐渐成为探究各种主题的研究方法。在科学与理性得到高度颂扬而艺术与感性遭遇危机的这个世界里，人们的审美发生了质变，出现了偏差。艺术的回归可以补偿我们人生中"审美"的匮乏，成就"大美"人生；对于自然科学自诩的虚假的道德中立，艺术还可以完善人之德性。实际上，科学与人文（艺术）本身都是最富创造性的人类活动，它们有着深刻的联系。科学的发展离不开人文（艺术），人的全面发展更是离不开人文（艺术）。

1. 艺术可补偿人生之缺陷，成就大美之人生

人生不完满，世界亦有缺陷，唯有艺术方可补偿。艺术最核心的功能就是"审美"。尼采认为"艺术是生命的最高使命和生命本来的形而上活动"[1]，"只有作为一种审美现象，人生和世界才显得是有充足理由的"[2]。在尼采眼里，艺术不是"一种娱乐的闲事，一种系于'生命之严肃'的可有可无的闹铃"[3]，艺术的根本任务是"作为一种审美现象"补充人生的不圆满与世界的缺陷，且这种补偿是一种"形而上的补充"，即"艺术不只是自然现实的模仿，而且是对自然现实的一种形而上补充，是作为对自然现实的征服而置于其旁的"[4]。

---

① ［德］尼采．悲剧的诞生——尼采美学文选［M］．周国平，译．北京：生活·读书·新知三联书店，1986：2.
② ［德］尼采．悲剧的诞生——尼采美学文选［M］．周国平，译．北京：生活·读书·新知三联书店，1986：105.
③ ［德］尼采．悲剧的诞生——尼采美学文选［M］．周国平，译．北京：生活·读书·新知三联书店，1986：2.
④ ［德］尼采．悲剧的诞生——尼采美学文选［M］．周国平，译．北京：生活·读书·新知三联书店，1986：105.

　　人生难免失意，艺术虽无法在事实上消解失意，但可以让人不至于因为痛苦而悲观厌世，失意之人可寄情于艺术。比起和谐与平静，内心的痛苦与冲突更容易成就伟大的艺术家。唐代诗人陈子昂一句"念天地之悠悠，独怆然而涕下"（［唐］陈子昂《登幽州台歌》）写尽旷世之悲；亡国之君李煜一句"问君能有几多愁，恰似一江春水向东流"（［五代］李煜《虞美人》）道出无穷哀怨；流浪的钢琴诗人肖邦一首《革命》响彻波兰……他们正是看透了生活本质的不圆满，才寄情于山水，纵情于艺术，艺术不仅拯救了他们的人生，更是将生命指向了审美境界。尼采表示，"艺术比真理更有价值"①，"是生命的伟大可能性，是生命的伟大诱惑者，是生命的伟大兴奋剂"②。相比之下，中国传统的艺术精神则有着更深刻的哲学基础。

　　庄子提出人生之最高境界是"至美""至乐"，他倡导一种艺术人生的价值观，即在审美的基础上追求自由。庄子认为人作为审美主体应具备一种不受制于功名、荣辱与生死的心胸，达到一种"三日而后能外天下""七日而后能外物""九日而后能外生"③，即遗忘世故，不为物役以及超越生死的境界。庄子追求的是一种以消融心物，心己对立而成就"大美"的艺术人生——由"不以物易己"④"不以物挫志"⑤到"不知所求""不知所往"⑥再"至美至乐"⑦。

　　庄子倡导的"至美""至乐"是"不知说生，不知恶死"⑧，"与天地精神往来而不敖倪于万物"⑨的至上的追求。在这种追求中，主体摆脱了生物本性带来的物质欲求，摒弃理性分析得出的是非判断，从而进入一种与大道、大美相融合的至高境界。"堕肢体，黜聪明，离形去知，同于大通。"⑩

---

　　①　［德］尼采. 悲剧的诞生——尼采美学文选［M］. 周国平，译. 北京：生活·读书·新知三联书店，1986：387.

　　②　［德］尼采. 权力意志：下［M］. 孙周兴，译. 北京：商务印书馆，2017：905.

　　③　［清］郭庆藩. 庄子集释［M］. 北京：中华书局，2013：231.

　　④　［清］郭庆藩. 庄子集释［M］. 北京：中华书局，2013：750.

　　⑤　［清］郭庆藩. 庄子集释［M］. 北京：中华书局，2013：368.

　　⑥　［清］郭庆藩. 庄子集释［M］. 北京：中华书局，2013：353.

　　⑦　［清］郭庆藩. 庄子集释［M］. 北京：中华书局，2013：631.

　　⑧　［清］郭庆藩. 庄子集释［M］. 北京：中华书局，2013：210.

　　⑨　［清］郭庆藩. 庄子集释［M］. 北京：中华书局，2013：962－963.

　　⑩　［清］郭庆藩. 庄子集释［M］. 北京：中华书局，2013：259.

因为摆脱了物质欲求与是非判断，人便不再受制于欲望与是非，成全了精神的无限自由。用这种自由且审美的态度观照人生，人生才能达至"至美""至乐"。

朱光潜也曾提出"人生的艺术化"思想。他同样认为，美更重要的是体现在心与物之关系上。但不限于庄子的"不以物易己""不以物挫志"，朱光潜认为艺术更是"情趣的表现"，是心借由物来表现情趣。不仅如此，同尼采一样，朱光潜认为艺术最重要的功能是超越功能，超越人之有限性，弥补人生的缺陷，从而解放心灵让心灵获得自由。

"艺术是情趣的活动，艺术的生活也就是情趣丰富的生活。"[①] 丰富的情趣有助于人们领略生活之趣味，能够成就伟大的生命。如何实现情趣化？情趣化关键在"情"、在"感"。"情"作为人的一种自然属性，弥补了理性的枯燥。若仅以理性观照艺术，观照音乐、美术，音乐就只是物体震动发出的声音，美术不外乎是数学与几何……人以美感经验世界，世界方才有了艺术。当人们用艺术的眼光打开这个世界的大门，以"情"去"感受"这个世界时，便造就了另一个属人的世界——意义世界。在这个世界里，梅花便有了高洁的品格，青鸟也成了传信的使者。同样，被情感观照了的世界，人心是暖的，人情是温的。人的情感愈发丰富，自然就愈发有意蕴，人生也就愈发有趣味。

"凡是文艺都是根据现实世界而铸成另一超现实的意象世界。"[②] 艺术为人铸就了一个意象世界，这个世界已挣脱了现实的功利色彩。因此，"人生的艺术化"就是要摆脱现实世界中功利的束缚，以一种超脱的人生态度去品味人生。现实生活中，人不仅受到自然的限制，还被无穷的欲望所驱使，若这种无穷的欲望不加以控制，便无法与有限的自然和谐共处，人便觉得失意，苦恼。战争与灾难便源于此。因而，超脱的人生态度要求人们以艺术的灵魂观照人之精神世界，使其摆脱物欲的纠缠，做到"不以物易己""不以物挫志"。

---

① 朱光潜. 朱光潜全集：第二卷［M］. 合肥：安徽教育出版社，1987：96.
② 叶朗. 美学原理［M］. 北京：北京大学出版社，2009：55.

2. 艺术可完善人之德性

朱光潜认为："没有其他东西比文艺能帮助我们建设更完善的道德的基础。"① 因为"道始于情"且艺术可以"伸展同情，扩充想象"②。儒家倡导的"仁"，佛教所说的"慈悲"归根结底就是同情，同情源于人的想象力，若这种同情再化作人的言行就成了道德。艺术活动凭借着人的想象将现实世界中客观存在之物意向化，在此过程中，人的想象力被扩充，人也获得了精神愉悦与情感体验，艺术活动便达到了"伸展同情，扩充想象"的目的。诗人的想象力可以使云飞，使泉跃，使山鸣，使谷应。另外，人在艺术活动中获得的超越性的精神愉悦与情感体验使人们在不知不觉中脱离了低级趣味，提升了审美。这是一个潜移默化的过程，是一个润物无声的过程。这个过程从作用于个人，后逐渐作用于整个社会。因此，艺术能够完善道德，有助于社会整体道德素养的提升。"一个有美感修养的人必定同时有道德修养，艺术化的人生就是道德化的人生。"③

3. 艺术与科学丰富人生

英国著名的化学家彼得·阿特金斯曾指出："尽管诗人可能渴望理解，但他们的才华更像是娱乐性的自我欺骗。他们也许能够突出世界上的快乐，但如果他们和他们的崇拜者认为他们对快乐的强烈感受以及他们对凄美语言的使用就足以理解事物的话，他们就会被迷惑。恐怕哲学家对理解宇宙的贡献也不比诗人多多少……在科学家们发现新奇事物之前，他们并没有贡献多少新奇事物……诗歌使人兴奋，神学使人困惑，而科学使人解放。"④

在一个科学的时代，很多人都认为艺术只是一种奢侈品，科学才是唯一的知识必需品。在这些人看来，科学提供了我们据以建造信仰之屋的所有事实。只有在这个屋子落成后，我们才能坐在里面，听听音乐，读读诗歌。但显然，这并不是我们实际的生活方式，更不是我们应该尝试的生活

---

① 朱光潜. 朱光潜全集：第一卷 [M]. 合肥：安徽教育出版社，1987：325.

② 朱光潜. 朱光潜全集：第一卷 [M]. 合肥：安徽教育出版社，1987：325.

③ 尤战生. 人生的艺术化——朱光潜美育思想的核心观念 [J]. 求是学刊，2003（5）：106 - 109.

④ PETER ATKINS. The Limitless Power of Science, in Nature's Imagination [M]. New York: Oxford University Press, 1995：123.

方式。事实是，艺术所仰仗的想象力在很多时候为科学的发展奠定了方向性基础。例如牛顿和惠更斯对光学的研究，牛顿以"光是一种微小的粒子流"这一富有想象力的愿景为指导展开了对光学的研究，而惠更斯则以"光是一种波动"为指导。这两种富有想象力的愿景都没有揭示出光的本质，但它们都能够作为工具用于理解光现象的许多方面。卢克莱修的《物性论》也曾为原子论的传播与发展助了一臂之力。

　　科学并不是一种"万能酸"，科学的思维也并不是唯一的思维。艺术与人文学科的学习能促使科学进步，因为科学与艺术的目的都是为了探索未知的世界，揭示事物的本质。它们只是两种不同的看待世界的方式。最近几年来，科学研究越来越深刻地揭示出客观事物的本质，提出的理论也更加抽象，所以为了实现人类对世界的综合认识，形象思维（或称想象力）就显得更加重要。斯蒂恩说过："如果一个特定的问题可以被转化为一个图形，那么，思想就整个地把握了问题并且能创造性地思索问题的解法。"①艺术活动要想具有生命力，就必须对艺术内涵和本质进行大胆创新，因此，在艺术创作的过程中，要以多方位的全新视角，同时关照总体结构与细节描绘。这样的创作方式可以潜移默化地影响科学思维，从而在科学研究上做出创新。同时，艺术再现也需要科学理念加以丰富。历史上，有许多震古烁今的科学巨人都拥有良好艺术背景，能够结合艺术创造进行科学研究，从而在两个领域都取得创造性的成果。

　　人是具有"理性"与"感性"的双重存在者，所以，人的综合素质包括智力因素和非智力因素两个部分。人的实践活动不论是科学研究还是艺术创造都同时受到这两个因素的影响。因此，要重视艺术的美育作用。艺术的美育不仅仅从纯粹艺术，即单纯地与科学相对的目的的角度去理解。这种美育是通过展示人类文明的成果，给人的感官带来直接的冲击，使人们的心灵得以净化，提升人们对艺术的鉴赏力，对人的智力发展有极大帮助。同时，艺术修养会在人身上呈现出一种温文尔雅又知书达理的气质。

---

　　① STYLIANOU. On the Interaction of Visualization and Analysis: the Negotiation of a Visual Representation in Expert Problem Solving [J]. Journal of Mathematical Behavior, 2002 (21): 303–317.

第四章
新时代青少年文明素养养成教育的理念

文明素养强调的是人的素养的"文明"本质，而"文明"只有在主体平等尊重的相互作用下才会生成。因此，新时代青少年文明素养养成教育应凸显尊重。同时，人的文明素养应体现时代特征。中国社会从传统走向现代，"公共性"成为了当代社会的重要标签。因此，新时代青少年文明素养养成教育还应注重"公共性"。此外，人的行为的发生是以知性作为"工具"在情感动力的推动和导向下行事，情感是人的行为发生的"根本"，对此，文明素养养成教育需强调润化情愫。

第一节　凸显尊重

"尊"本义指古代祭祀等礼仪所用之酒器，因与祭祀相关而拥有神圣性，从而引申出重、贵、上之义。对人的尊重分为自尊与尊他（尊重他人）。自尊是对自我的尊重，对自己人格尊严的敬重；尊他是一种人际交往的态度，是对他人的人格、能力、德性等品质发自内心的认可及认同。人类社会在其漫长的发展历史中积淀了许多文明理念，尊重就是这些文明理念中最基本的理念之一，是人类社会"最起码的文明共识"，是这个民族生存发展的基本保证。

一、尊重的逻辑起点：尊严

现代尊严理论认为，对个体人的尊重源于人的尊严。尊严就其本身而言是一种内在价值，是一种绝对价值。人生而具有尊严且平等地享有尊严。关于尊严，康德曾提出："作为这样一种人（作为本体的人）……他拥有一种尊严（一种绝对的内在价值），借此他迫使所有其他有理性的世间存在者敬重他，与同类的任何其他人媲美，在平等的基础上评价自己。"① 在康德哲学思想中，尊严是人生而具有的必然属性，人天生具有尊严。正是尊严的存在，才导致了尊重，同时，尊重应该建立在平等的基础之上。康德在《道德形而上学》中也说："我对别人怀有的，或者一个他人能够要求于我的敬重（对他人表示敬重），就是对其他人身上的一种尊严的承认。"② 不难发现，在康德看来，尊严就是尊重的来源，尊重就是对人之尊严的承认，且尊严作为一种绝对价值内在于人的本质之中。人人享有这种独立而自足的绝对价值，尊严没有任何等价物可以将之替代。康德著名的"目的公式"有两层含义：其一，任何时候都要将自己视为是目的的存在；其二，任何时候都要将他人视为是目的的存在。康德在此表达了主体间承认与尊重他人尊严的需要，且这种承认与尊重是相互性的。因此，在康德的哲学思想中，人拥有尊严是一个不证自明的前提。以这个前提为起点可以推出人与人之间必然且平等的尊重关系。

在法律意义层面上，尊严通常被称为"人格尊严"，也就是说，尊严是在法律关照的范围内的人的独立且不可侵犯的地位。人与动物相区别的重要标志之一就是人有尊严。在中国古代社会，尊严形容的是一种庄严肃穆的状态或者是具有崇高权威的地位。尊严是使人享有尊崇或荣誉的条件。在西方，尊严是一种自然权利，也是共同体赋予人的价值，而政治活动正是保护与推进这种自然权利，实现这种价值的重要手段。

尊严不仅是作为主体的人的一种感受，也是人的一种实存状态。简单

① ［德］KANT. Practical Philosophy ［M］. Cambridge：Cambridge University Press，1999：557.
② ［德］KANT. Practical Philosophy ［M］. Cambridge：Cambridge University Press，1999：579.

来说，就是一种体面的生存状态。尊严是在人的社会生活中能够被感知的一种感受，也是在社会生活中事实上居于支配地位的价值精神。① 人类社会发展进步的价值旨归是"自由"的实现，而个人获得全面发展，不再束缚于物质需要，精神生活的丰富就将成为生活的主导。正如梁启超在《国民十大元气论》中提到："文明者，有形质焉，有精神焉。求形质之文明易，求精神之文明难。精神既具，则形质自生。精神不存，则形质无附。然则真文明者，只有精神而已。"②

《走向全球伦理宣言》指出："我们承诺，敬重生命与尊严、个性与差异，以便让每一个人都得到人性的对待，毫无例外。"③《宣言》将尊严放置在与生命同等的地位，且强调在尊严与生命范畴内，所有人毫无例外都要被敬重。同时，人人平等且无条件地享有尊严，人的尊严不可让渡，不可被侵犯，对尊严的敬重与保护是一种义务。尊重便是这一义务的行使方式，包括他人对自己的尊重以及自我的尊重。

二、心灵秩序的起点：自尊

心灵秩序是指人的内心世界的有序与和谐，是"一种带有价值导向的内在软约束力"④，也是一种"自律"。康德认为"自律原则是惟一的道德原则"⑤。换句话说，真正的道德是人的绝对自律，即人的意志服从于理性为自己所立的道德法则，这种服从蕴含着对道德法则的敬重感。对道德法则的敬重既是对自我理性的敬重，也就是对自己人格尊严的敬重。简单地说，这种敬重感即是人在内心世界中对自我的敬重，尊重自己为自己立的法则，并服从它，尊重自己作为目的的存在，并努力成就它。因此，对自

---

① 高兆明. 有尊严地生活：美德与生活世界 [J]. 道德与文明，2013（6）：112-117.
② 梁启超. 梁启超全集：第一册 [M]. 张品兴，编. 北京：北京出版社，1999：267.
③ [瑞士] 孔汉思. 世界伦理手册：愿景与践履 [M]. 邓建华，廖恒，译. 北京：生活·读书·新知三联书店，2012：132.
④ 龚超. 社会主义核心价值观与公民心灵秩序的实践转化 [J]. 湖北社会科学，2015（8）：182-188.
⑤ [德] 康德. 道德形而上学的奠基 [M]. 李秋零，译. 北京：中国人民大学出版社，2013：63.

我的敬重感是道德的起点。同时，柏拉图也曾指出"德性是心灵的秩序"①，可以说，自尊就是心灵秩序的起点。

自尊在中国文化中占有非常高的地位。《韩非子·诡使》篇中说："厚重自尊，谓之'长者'。"② 自尊是人之为人的根本，支撑着人"生于世，长于世"。罗尔斯也认为："没有自尊，就没有一件事情是值得做的。"③

自尊驱使人们追求良好的道德素养与寻求自我的完善。一方面，自尊意味着尊重自我的人格尊严，承认自我尊严的绝对价值，爱惜自己的名誉与荣耀。一个尊重自我人格尊严、承认自我尊严绝对价值的人，才能认识到自己"为人"的本质，才会以待人的方式对待自己。一个爱惜自己名誉与荣耀的人，会为了维护其名誉与荣耀而力戒耻辱，会以道德法则作为其行动规范，尽可能避免自己的行为失范。若一个人对善恶怀有深刻的信念，又或者拥有高度的自尊，那么他在现实的生活中就能够随时且主动地既出于目的又考量结果地选择善的行为，以避免可能造成不良的后果。另外，拥有高度自尊的人，在其独处的时候，也能够以慎独来严格要求自己的行为，会自觉地遵从行为规范的要求行动，主动地审视、反省并调节自己的行为方式。出于目的，他们绝不会做寡廉鲜耻之事；出于结果，他们也会尽力避免可能造成恶的后果的行为。另一方面，自尊还是驱动人们不断进取的原动力。自尊会全然地激励人们体面地去追求自身的声誉与他人的赞美，并创造成就。自尊通过力促个体完善自身，从而促进社会关系的稳定与和谐。因为，一个拥有良好道德修养的人必然能够善待他人，从而建立起良好的人际关系。克卢卡斯曾对自尊做过一项实证研究，结果表明，遵守道德的主要影响体现在自尊上面。他认为："加强自尊有可能提高个人福祉，同时使整个社会受益。"④ 因此，自尊不仅能建立起良好的心灵秩序，对不文明行为起到一定的制约作用，还能促进整个社会的文明。另外，自

---

① 转引自陈根法. 论德性与心灵的秩序 [J]. 复旦学报（社会科学版），1997（4）：58－62.

② ［战国］韩非. 韩非子 [M]. 谭新颖，主编. 桂林：漓江出版社，2018：409.

③ JOHN RAWLS. A Theory of Justice [M]. Cambridge：The Belknap Press of Harvard University Press，1971：440.

④ CLUCAS CLAUDINE. Understanding Self-Respect and Its Relationship to Self-Esteem [J]. Personality and Social Psychology Bulletin，2020（6）：853－855.

尊还是获取他人尊重的前提。"尊严和自尊齐进共退：我们得到的尊严滋养了我们的自尊，而明明白白的自尊会使他人尊重我们。"①

自尊的培养要求人首先要认识自己，即人要有自我认知。自我认知有两个层面，其一，要认识到自己作为人，有其内在的绝对价值，即尊严。其二，要认识到自己作为一个独立且独特的个人，有自己的优势与长处，即自信。同时，也应了解自己之不足。此外，培养自尊要学会接纳自己，不论是优势还是不知，这些都是"你"之为"你"的重要特征。自尊的培养还需克服自身之缺点。"胜人者有力，自胜者强。"② 事实上，与他人的交往有助于全面认识自己。美国社会学家库里曾提出"镜中我"的概念。在人与人的社会交往活动中，"他人"即是"镜子"。从这面镜子中，人们可以认识到一个"客观我"，人们将认识到的这个"客观我"与自我感知的"主观我"相结合，形成一个完整的真正的"自我"。社会交往中的互动是形成这种"自我"的唯一途径。

自尊不仅关系到个体的生存生活状态，更是关系着整个民族与国家的生存状况。除个体自尊外，还存在民族自尊，且个体自尊是形成民族自尊的必要条件。梁启超考察了个体自尊与民族自尊的关系，认为国之尊严及民族自尊均建立在国民自尊的基础之上。一个国家国民的独立自尊是这个国家、这个民族独立且自尊的基石，即："欲求国之自尊，必先自国民人人自尊始。"③ 同时，他还认为"夫自尊与不自尊，实天民奴隶之绝大关头也"④。梁启超叹息当时的国人缺乏自尊："悲哉；吾中国人无自尊性质也!"⑤ 不难看出，自尊不仅对个体而言十分重要，自尊也是整个民族"自立"之根本。"欲求国之自尊"，国民必先自尊。

三、生活秩序的起点：尊他

在探讨"尊重"这个概念时，除了观照内部世界的心灵秩序之外，我

---

① ［美］福勒. 尊严的提升［M］. 张关林，译. 上海：上海人民出版社，2008：18.
② 李先耕. 老子今析［M］. 北京：中国社会科学出版社，2002：153.
③ 梁启超. 新民说［M］. 沈阳：辽宁人民出版社，1994：96.
④ 梁启超. 新民说［M］. 沈阳：辽宁人民出版社，1994：94
⑤ 梁启超. 新民说［M］. 沈阳：辽宁人民出版社，1994：93.

们还必须观照外部世界的生活秩序。生活世界中，所有实践活动都建立在人与人的交往之上，为维持良好的生活秩序，尊重他人便成为了人际交往的根本，因此，尊他是生活秩序的起点。

"对人的尊重是，而且通常被承认是一项核心的道德义务。"① 同时，平等地尊重每一个人是现代文明的基本共识。平等地尊重每一个人，包括自己，也包括除自己之外的每一个人。尊重他人是在言语及行动上对他人人格尊严与价值的肯定，保护他人的尊严与价值。尊重他人要求在平等的基础上尊重每一个人。这一思想包含了两个维度：其一，平等地尊重他人要求将对方与自己放置在一个平等的位置上，尊重对方的人格尊严，不因他人的经济状况、文化教育背景或政治地位而偏待他人；其二，平等地尊重他人要求无差别地对待每一个"他人"，每一个"他人"都同样拥有自身的人格尊严与价值，都应该被无差别对待。也就是说，尊重他人既无高下之分，也无程度之别。

人之为人，是因为人有"为人之性"，有某些只属于人的内在属性。人的这些内在属性使得他们自身应该被某种方式所对待，这种方式就是被尊重。因此，尊重他人是对待他人的一种方式。这种方式可以是一种情感性的，也可以是一种信仰式的。发自内心的对他人的尊重是现代文明社会的价值旨归，它是发自内心的对他者的一种真诚、真挚的情感，是基于对于人的平等性、人的价值与尊严的深刻理解。

尊重也是人的一种基本需要。需求层次理论认为尊重是一种仅次于自我实现的高级需求。如果尊重是我们每一个人的精神性的内在需求，那么要求和倡导尊重的呼声就类似于要求创造和增加社会公共物品的呼声。先秦时期，墨子主张"若使天下兼相爱，爱人若爱其身"（《墨子·兼爱上》），孟子主张"仁者爱人，有礼者敬人"（《孟子·离娄下》），孔子主张"己所不欲，勿施于人"（《论语·卫灵公》），这些思想都包含了"尊重"。正因为如此，《走向全球伦理宣言》对此加以了肯定："数千年以来，人类许多宗教和伦理传统都具有并维系着这样一条原则，黄金原则：己所不欲，

---

① ［英］拉兹. 价值、尊重和依系［M］. 蔡蓁，译. 北京：商务印书馆，2019：118.

勿施于人！或者换成肯定的说法，即你希望人怎样对待你，你也要怎样待人！"①

尊重最重要的是发自内心，心中有人且对人有深刻理解。在人际交往中，因为有尊重，就会关心人关爱人，会与人为善，以礼待人。同时，尊重的主体是人，而尊重的对象可以是人，是自己或者他人，也可以是社会、是自然，同样，也可以是如知识、价值观或某种生活方式之类的抽象之物，但我们必须看到无论是现实之物或是抽象之物，其背后都有"人"，内含着属人的价值。因此，尊重的对象首先是人。简言之，对人的尊重是尊重其他存在物的前提与基础。

卢梭曾在《论人类不平等的起源和基础》中谈到这样一个理想社会："当出现扰乱公共和谐的致命过失时，人们即使在忙乱与错误中，也都能保持一定的节制，依然相互尊敬……这才是一个真诚而又持久的和睦社会应该拥有的征兆和保证。"② 卢梭认为，人与人之间的相互尊敬才是一个和谐社会的应有之义，也因为相互尊敬，社会的和睦才能得以保证。而相互尊敬要求人们在一定程度上保持节制。节制自己的欲望，尊重他人的权利。若这个社会中的每一个人都能如此对待他人，一些现存的无序的现象便会消失，再不会有人因一己私利去伤害他人，人的文明程度将会得到极大提高，和谐有序的文明社会指日可待。只有每一个人都做到尊重他人，才能保证所有人都能被尊重，如此才能成就一个共赢的格局。正是因为社会中所有人都平等地尊重其他每一个人，才实现了尊重的相互性与对等性，也正是因为这一特性才使得尊重成为了文明社会中基本的价值规范与文明共识。

---

① ［瑞士］孔汉思. 世界伦理手册：愿景与践履［M］. 邓建华，廖恒，译. 北京：生活·读书·新知三联书店，2012：138.

② ［法］卢梭. 论人类不平等的起源和基础［M］. 邓冰艳，译. 杭州：浙江文艺出版社，2015：6.

第二节　注重公共性

公共性是指涉共同体联结及共同体秩序的概念。受历史与文化传统的影响，公共性在不同时期、不同文明中呈现出不同样态。但不论从哪种样态来看，公共性都包含着共在性与和谐性。从现实层面来说，公共性表现为一种共在性。人，作为"类"存在者，无法离开社会独立生存，因而社会会赋予人以现实的共在性。从价值层面来说，公共性表现为一种和谐性。人类社会自古至今都以和谐为价值旨归，人与人之间的和谐才能带来社会的和谐，也才有利于人的发展与社会的文明。新时代青少年文明素养养成教育要注重公共性，要养成契约精神从而修习公共理性，要培育他者思维从而涵养公共关怀。

一、中国社会中的公私关系及其公共性

中国传统社会虽没形成公共性概念，但存在着"公""私"观念。传统社会中，"公"一般包含三个维度：其一，伦理道德的"公"，即天道、天理；其二，权威实体的"公"，即君王、朝廷、国家；其三，君王"法"天道之"公"，意指共同体内部公平公正。

从结构上看，中国传统社会是一个由亲缘与地缘构成的呈现出"差序格局"的"熟人社会"。在"熟人社会"中，人们"活动范围有地域上的限制，在区域间接触少，生活隔离，各自保持着孤立的社会圈子"①。生活在一定的区域范围内的人们，他们之间是相熟的，他们的社会关系基于血缘与地缘的私人联系。"熟人社会"中人与人之间的交往取决于它们之间的特定关系，或者说取决于它们之间的情感，是一种私人交往，也是一种情感性交往。在这种交往中，人们以"远近亲疏"的关系来对待身边的人，

---

① 费孝通. 乡土中国 ［M］. 北京：人民出版社，2008：5.

人与人之间就形成了一种"差序格局"。在这种差序格局里，"公和私是相对而言的，站在任何一圈里，向内看也可以说是公的"①。"公"与"私"之间并不存在明确的制度性分界线，且相对于"私"而言，"公"有着至上的地位。这种传统社会中的公共性更多体现为一种以政府、国家为载体的行政权威，乡土社会的人际交往中并不存在现代性的公共性。

20世纪50年代，计划经济体制建立后，单位制度的施行形塑了城市基层社会管理结构，这种结构大致表现为"国家—单位—个体"的形态。单位是联结国家与个体的中间组织，这是一种由国家主导的公共性样态。在单位内部存在"小公共性"，这种"小公共性"又是依附并借助于国家赋予的特权而得以实现，因而单位内部的"小公共性"与国家主导的"大公共性"是统一的。在公共交往方面，这个时候的社会仍然属于"熟人社会"。

到了20世纪90年代，我国经济体制改革，单位制度随之解体，"小公共性"也逐渐瓦解，"单位人"转变为"社会人"，公共性逐渐呈现出了现代样态，即表现为社会性和多元性。在公共交往方面，商品经济的发展首先在空间上扩大了人们的社会交往圈子，人们辗转于各大城市之间，与不同的人打着各种交道，"生于斯，长于斯"的界限也被打破；同时，这一发展使得人与人之间在心灵上也产生了距离，对金钱与利益的谋算消耗了人们之间的真诚与信任。如此转变把原有的"熟人社会"冲散了，具体的个人被定义为了"理性经济人"。在传统社会里维持着人际交往与道德规范的纽带——情——也受到了极大冲击。现代社会充满了陌生性。对此，劳伦斯·弗里德曼将现代社会定义为"陌生人社会"，他如此描述道："我们打开包装和罐子吃下陌生人在遥远的地方制造和加工的食品；我们不知道这些加工者的名字或者他们的任何情况。"② 高度发展的社会生产力将人类的生活拽入了一个"陌生人社会"，人们生活在更广大的空间，他们之间可能素昧平生，彼此不相识。"陌生人社会"中的人际交往属于公共交往，这种交往是一种普遍性和共同性的交往，它并非首先取决于情感，而更多是取

---

① 费孝通. 乡土中国 [M]. 北京：人民出版社，2008：33.

② [美] 弗里德曼. 选择的共和国：法律、权威与文化 [M]. 高鸿钧，等译. 北京：清华大学出版社，2005：81－82.

决于人的理性，因此，亲疏之分在社会交往中就不再是首要原则，因而，作为维系传统社会中人际关系的纽带——情，其联结功能也被减弱。然而，社会是人的集合体，且这个集合体在现代化的进程中正在被无限放大，人们亟须找到一种新的中介因素将这个集合体联结起来，这个中介因素就是契约。这种凭借契约、规则以及制度等形式的交往在很大程度上排除了情感因素，其目的是维护理性与公共性。从而，在"陌生人社会"中，遵守规则是人们在公共交往中应尽的义务。也正是这样的公共交往形式，使得人与人之间又重新建立起了一种不同于传统社会中人际间的信任关系——理性的信任。但毕竟在人之本性中还存在着情感性因素，社会因此不能也不应成为一架毫无情感的机器。每一个人都是一个真实存在的独特的个体，他们都有着自己的感受与经历，他们不可能是纯粹的理性经济人。因而理想的社会交往形式应该既包含理性交往，也不缺乏情感性关怀。

总之，自现代公共性形成以来，私人空间与公共空间就逐渐有了明晰的界线。私人空间即己域，公共空间即群域。公共空间作为"世界本身"其实质就是一个"众人的世界"，这个"众人的世界"相对私人空间较为复杂。参与"这个世界"的人因其生活习惯及教育背景的差异导致了不同的价值观与行为方式。这就可能致使这个"众人的世界"无序。为缓解当前社会中已经存在的冲突，维护并改善社会的秩序，青少年文明素养的养成必须注重公共性，注重契约精神与公共理性的养成，注重他者思维和公共关怀的涵育。

二、养成契约精神　修习公共理性

"所有进步社会的运动，到此处为止，是一个'从身分到契约'的运动。"[①] 契约作为一种法律形式能有效地匡正人类社会的秩序，荡涤并重写人类的"心灵秩序"。契约展开于现代公共生活的扩大化，是人们在公共生活领域处理人人之间关系的行为准则与价值规范。

全球化与信息化推动了现代社会关系结构的深层变革，这种变革呈现

---

① ［英］梅因. 古代法［M］. 沈景一，译. 北京：商务印书馆，1996：97.

为私人生活与公共生活在各自的方向上不断强化。私人生活由于个体的差异性，越发私密与独立；公共生活则随着现代社会交往的持续扩大又将差异化的众多个体联结在一起。社会生活的公共性程度日益加深。而在私人生活与公共生活两翼共进的发展中，主体们差异化的需求不仅使公共生活及社会关系逐渐复杂化，而且时常造成矛盾。就像罗尔斯所说的："虽然一个社会是一种对于相互利益的合作的冒险形式，它却不仅具有一种利益一致的典型特征，而且也具有一种利益冲突的典型特征。"[①] 在强调统一的传统社会中，利益冲突不是突出的社会问题，但在多元化的现代社会，主体的差异性常常导致各种纷争。由此，传统社会基于地缘与血缘因而依靠情感联系的伦理形式已经不太可能继续成为现代社会的道德指南。"由于社会合作，存在着一种利益的一致，它使所有人有可能过一种比他们仅靠自己的努力独自生存所过的生活更好的生活；另一方面，由于这些人对由他们协力产生的较大利益怎样分配并不是无动于衷的（因为为了追求他们的目的，他们每个人都更喜欢较大的份额而非较小的份额），这样就产生了一种利益的冲突，就需要一系列原则来指导在各种不同的决定利益分配的社会安排之间进行选择，达到一种有关恰当的分配份额的契约。"[②] 因而，在充满"公共性"的现代社会中，契约取代了情，调节着社会中的种种关系。契约，就其本质而言，是人们为减少纷争，实现公共的善，而基于人之"共在性"，并凭借人类理性所颁布并遵循的行动准则。在现代社会中，契约不仅是一种规范化与制度化的形式，更发挥着伦理功能，并逐渐凝聚为现代人的一种意识，一种精神文明的样态。我们将这种意识或精神文明样态称为契约精神，这是传统理性精神内在的一种现代意识。

契约精神彰显的人类理性是一种公共理性，它是公共理性的表现形式之一。人，作为理性存在者，因为现代社会赋予的"共在性"，逐渐发展了一种独特的理性能力，这就是公共理性。这种理性使人们能够尽可能地平

---

① ［美］罗尔斯. 正义论［M］. 何怀宏，何包钢，廖申白，译. 北京：中国社会科学出版社，1988：2.

② ［美］罗尔斯. 正义论［M］. 何怀宏，何包钢，廖申白，译. 北京：中国社会科学出版社，1988：2.

衡好社会交往中的各种关系。康德在表示人们"在一切事情上都有公开运用自己理性的自由"的时候，实际上是在说，人们应该摆脱私利的束缚，从社会公共生活的视角进行理性思考。因为"私下运用自己的理性往往会被限制得很狭隘"①。事实上，公共理性就是人之理性的"公共性"行使。这些人是共享平等公民身份的人，他们的目标是追求"公共的善和根本性的正义"②。这种理性的基础一定是人的"共在性"，基于"共在性"才能形成真正平等尊重、多元包容的理性精神，从而追求"公共的善和根本性的正义"。从形式上看，契约是人类公共理性的创造物，契约承载了公共理性想要达至的目的，当然，契约也涵养着人类的公共理性。因此，契约精神即作为一种内含"公共理性"的文化而存在，它集中揭示了现代社会根本性的文化价值意蕴。因而，青少年文明素养养成教育要培养契约精神，从而涵养公共理性。

此外，现代信息技术还为我们打造了一个具有"共在性"的虚拟的公共空间——网络空间。这个空间是一个独特的"现实世界"，在这个虚拟世界中，每一个虚拟主体及其行动其实代表了一种集体性的虚拟性社会生活，具有社会公共性。虚拟空间的虚拟性、自由性、开放性、隐蔽性等拓宽了人类的社交范围，但也使得人与人之间的关系出现了新的变化。在虚拟世界中，隐蔽性使得人与人之间的关系是间接的，舆论监督与评价机制很难直接作用到具体的行为者。在如此情况之下，个人良知的力量与个人的价值准则就显得格外重要了。但由于人的"有限性"，个体的自律能力在虚拟世界中，也有暂时失效的可能。因此，加强个体自律能力也要求在青少年文明素养的培育过程中加强公共理性教育。

三、培育他者思维　涵育公共关怀

现代社会中的公共性最终是在"自我"与"他者"的互动关系中得以表达的。"分歧或冲突在于分歧或冲突的双方固守于自己的第一人称的立

---

① ［德］康德. 历史理性批判文集［M］. 何兆武，译. 北京：商务印书馆，1990：24.

② ［美］罗尔斯. 政治自由主义［M］. 万俊人，译. 南京：译林出版社，2000：226.

场，而要使冲突的双方达成一致，或产生共识，首先就是要转换所有参与者的视野，使他们从第一人称的视野转换到所有他者的视野上来，即放弃自己原有的视野，这样才能有共识的基础。"① 因此，在契约精神与公共理性的基础上，我们还应培育青少年的他者思维，正确看待"自我"与"他者"之间的关系，从而涵育公共关怀。

"自我"与"他者"的关系问题属于主体间性问题，即在二者的关系内消减"我思"，承认"他者"的"非依附性"存在及存在意义，寻求双方之间关系的理想样态。"自我"与"他者"关系的议题始于对"唯我论"的反思与批判。

通常而言，人们的认识活动都带有直观色彩，即主体借助于自我意识指向外在于"自我"的"他者"。这种指向使与"自我"并存的"他者"呈现透明状态。也就是说，主体将外在于"自我"的所有事物都纳入"自我"的意向性框架，为"他者"刻上"我"的印记。采取"唯我论"方式进行伦理思考的主体一般都是"主动出击"，猎获一切，最典型的做法是采用暴力追求自身的幸福，建构一个以"自我"为中心的霸权世界。在这个霸权世界里，人们很难看到"自我"以外的"他者"，很难意识到"他者"的独立性，因而产生了自我中心主义与人类中心主义等伦理观。在人与人的关系中，"自我"成为了衡量一切的标准，在人与自然的关系中，"人把自身建立为一切尺度的尺度，即人们据以测度和测量（计算）什么能被看作确定的——也即真实的或存在着的——东西的那一切尺度的尺度"②。这些观念不断加剧着人与人、人与自然之间的矛盾。然而，"自我"与"他者"都生活在同一个世界之中，谁也不是谁的尺度。自我中心主义与人类中心主义扭曲了我们对"自我""他者"以及整个世界的认识。我们生活的公共空间中充满了与"自我"并存的"他者"，因而我们需要克服"唯我论"的思考方式，要真正认识到"自我"之外的众多"他者"，以及这些"他者"的绝对的差异性。

---

① 龚群. 追问正义：西方政治伦理思想研究［M］. 北京：北京大学出版社，2017：219.
② ［德］海德格尔. 海德格尔选集：下卷［M］. 孙周兴，选编. 上海：上海三联书店，1996：920.

　　以他者思维进行道德推理并不会消解"自我"内在的主体性和能动性，这种思考方式反而是"自我"之主体性与能动性的彰显。因为我们无法"被动地"进行移情，无法"静止地"以他者思维进行道德推理。当然，我们既要认识到"他者"的独立性，又要清楚地知道，"他者"也是我们的一面镜子。我们也会平等地出现在其他"他者"的思维中，我们可以依据众多"他者"对我们的回应，从另一个角度认识自己，反思自身。事实上，我们的生活都是众多"他者"的在场。"自我"与"他者"是共存在同一个世界之中的，同时，在每一个共同体中都存在着众多"他者"，每一个"他者"都是一个"自我"。他们既相互独立，但也相互依存。每一个"自我"的成长与发展都依赖于与外界的交往，交往越是频繁，精神发展就越是丰富。因而，我们每一个人都需要主动关心他人，也需要获得他人的关心。青少年文明素养养成教育因而要培育青少年群体的他者思维，超越自我中心主义，克服自我的霸权，回归真实的社会关系，从而涵育公共关怀。

　　公共关怀要求"每一个自我"都发自内心地关怀"他者"，要求"每一个自我"必须从"他者"的角度出发来进行道德推理，要求"每一个自我"在追求个体善时，必须考虑"他者"的立场，由此，"每一个自我"的道德推理都包含了"所有人"的意义。毋宁说，公共关怀是为了彰显对每个独立个体的承认与尊重，而不只是为了维护公共善。

　　当然，现实生活中也存在一些不以他者思维思考的人，他们也会与人为善，他们同样举止得体，但他们可能仅仅是为了不至于让自身之美德受到贬损。而只有拥有他者思维的人才能真正懂得平等和尊重的价值，才拥有公共情怀。这些人会将自身与共同体融合，这些人有向善的情怀，他们会将平等地看待"自我"与所有"他者"，把尊重他们当成自己的义务。其实，他者思维就是对"人是目的"的恰当解读。人与人之间充满关切的交往既是生活的情感纽带，更是构建共同体秩序、维护共同体团结的长效机制。他者思维与公共关怀使我们真正学会敬畏他人、敬畏公共生活。

第三节　润化情愫

传统的中国社会是一个由亲缘与地缘构成的"熟人社会",在"熟人社会"中"情"是人与人关系中最重要的纽带。人之本性中的感性造就了人类丰富的情感,成就了人间之真情真义,情为爱,为责任。而近现代,中国社会的高速运转冲淡了传统社会之中的人情。因此,新时代青少年文明素养养成教育还应突出润化情愫。

一、道始于情

李泽厚说:"儒家使世界充满着情感因素,我认为这点十分重要。"①"它(儒家哲学——引者注)只有对人的情感的悲怆、宽慰的陶冶塑造。"②通过回溯先秦原始儒学,李泽厚先生发现儒家哲学都将"情"作为某种出发点。《礼记·礼运》曾说:"故礼义也者,人之大端也……所以达天道、顺人情之大窦也。"③郭店竹简《性自命出》则提出"树(道)司(始)于青(情),青(情)生于眚(性),司(始)者近青(情),终者近义"④的观点。郭店竹简还把"情"作为礼乐教化的依据:"乐,豊(礼)之深泽也。凡圣(声),其出于情也信,肰(然)句(后)其内(入)拔(拨)人之心也敏(厚)。"⑤并认为"情"发于人之本性,如"至乐必悲,哭亦悲,皆至其情也"⑥,人的喜怒哀乐皆是人的情感流露,是人性之于自身的表达。

关于"树(道)司(始)于青(情)"这一命题,饶宗颐先生在《从

①　李泽厚.走我自己的路:杂著集[M].北京:中国盲文出版社,2002:333.
②　李泽厚.华夏美学　美学四讲[M].北京:生活·读书·新知三联书店,2008:216.
③　[清]阮元.十三经注疏:下册[M].北京:中华书局,1980:1426.
④　李天虹.郭店竹简《性自命出》研究[M].武汉:湖北教育出版社,2002:50.
⑤　李天虹.郭店竹简《性自命出》研究[M].武汉:湖北教育出版社,2002:155.
⑥　李天虹.郭店竹简《性自命出》研究[M].武汉:湖北教育出版社,2002:164.

郭店楚简谈古代乐教》一文以儒家乐教的理念为主，并参考《五行》篇而论："君子之为善也，有与始，有与终也。君子为德也，有与始，无与终也。金声而玉振之，有德者也。"① 饶先生并从《五行》篇整理出"善为人道，德为天道。人道之善有与始，有与终；而天道之德则有与始而无与终，由有而反乎无"② 的线索，而后乃提出"由有与终到无与终，推进一层次，由人而及于天，由有形到无形"③，强调"德"是"人道"通达"天道"的基本路径。这样，"司（始）者近青（情），终者近义"，由此可得出人道之起为情。而丁原植先生也予以论证："简文称'始者近情'，是说人道的完成，在于人文制度的确立，必须以人义的价值为归趋。因此，唯有'深知人存之实情者'，能开启人道建构的肇始，唯有'深知人义之价值者'，能包容人道建制的完成。"④ 而唐君毅先生在《中国哲学原论·原性篇》一文中，曾对《荀子》论礼乐源自人情提出其看法："荀子之思想中，礼乐虽亦原自人情，然此人情只为一原始之朴质……而不知礼乐之本于人原始之自然之情者矣。"⑤ 唐先生指出《荀子》一书中之"人情"虽为礼乐之源（如《乐论》有"夫乐者乐也，人情之所不能免也。"）然"人情"乃是就人之原始之质朴之情而言。⑥

《礼记·乐记》提出："乐也者，圣人之所乐也。而可以善民心，其感人深。其移风易俗。"⑦ 这是在肯定音乐对人心存在着深刻的影响。所以"乐者，音之所由生也，其本在人心之感于物也。"⑧ 音乐与情感有着内在逻

① 饶宗颐. 从郭店楚简谈古代乐教［C］//郭店楚简国际学术研讨会论文集. 武汉：湖北人民出版社，2000：3－7.

② 饶宗颐. 从郭店楚简谈古代乐教［C］//郭店楚简国际学术研讨会论文集. 武汉：湖北人民出版社，2000：3－7.

③ 饶宗颐. 从郭店楚简谈古代乐教［C］//郭店楚简国际学术研讨会论文集. 武汉：湖北人民出版社，2000：3－7.

④ 丁原植. 楚简儒家性情说研究［M］. 台北：台北万卷楼图书有限公司，2002：53.

⑤ 唐君毅. 中国哲学原论·原性篇［M］. 香港：香港新亚书院研究所，1973：99.

⑥ 李美燕. 郭简乐教之"情"说在儒家道德哲学中的意义［J］. 人文论丛，2006（00）：660－667.

⑦ ［清］阮元. 十三经注疏：下册［M］. 北京：中华书局，1980：1534.

⑧ ［清］阮元. 十三经注疏：下册［M］. 北京：中华书局，1980：1527.

辑关联："治世之音安详而快乐，乱世之音怨恨而愤怒，亡国之音哀愁而悲伤。"① 易见，人赋予"乐"以丰富的而绵延的情感，而人本身则是"富情之身"，更重要的是，人可以借助音乐等艺术来寄托情感。

中国古代社会诗教等文学艺术也倡导"文辞尽情"，《毛诗序》中有："诗者，志之所之也。在心为志。发言为诗。情动于中。而形于言。"② 魏晋以降，曹丕认为应该"为文学而文学"，此论断更加凸显了"文辞尽情"。而刘勰也提出了"文质附乎性情"③。《南齐书·文学传论》中也有："文章者，盖情性之风标。"④ 总之，中国古代的诗教等文学艺术多是围绕情而展开。

在西方，音乐等艺术同样饱含人的丰富情感，柏拉图即在《理想国》中指出混合型吕底亚调、强化型吕底亚调其软绵绵和懒洋洋，容易使人陷入昏昏欲睡的醉态。而多利亚调雄厚有力，使人感受到勇敢，菲里底亚调则平淡肃穆，使人感到悲伤。这里，柏拉图把音乐看成是人类情感的象征。对此，维斯特说："菲里底亚调与风笛和克瑟拉琴关系密切，此乐调所引发的情绪包括欢快、虔诚、激动以及宗教热情等，在和平时期，可用来修身养性或祈祷神灵。"⑤ 此外，亚里士多德、柏拉图等哲人提出了如"和谐""模仿说""净化论"等有关音乐情感的观点。显然，西方国家也注重用音乐来表达与丰富人的情感。

易见，无论东方，还是西方，尤其是中国古代社会，原始儒家讲"道始于情""把世界情感化了"，凸显了中国后世社会和文化"重情"的特点，在此基础上，李泽厚先生提出"情本体"观点。这一观点"强调以现实的、人生的、多元的人的情感为根本、为依归、为最后"⑥。因此，儒家（尤其是儒家乐教）是重"情"的，"儒家是最讲实际、最重情感的"，"儒家使

① 严婷. 儒家音乐思想与嵇康音乐思想之比较［J］. 大众文艺，2011（18）：124.
② ［清］阮元. 十三经注疏：上册［M］. 上海：上海古籍出版社，1997：269–270.
③ ［南朝梁］刘勰. 文心雕龙注释［M］. 周振甫，注. 北京：人民文学出版社，2002：346.
④ ［唐］李延寿. 南史：卷72［M］. 北京：中华书局，1975：1792.
⑤ WEST. Ancient Greek Music［M］. Oxford：Clarendon Press，1994：180–182.
⑥ 李泽厚. 李泽厚近年答问录［M］. 天津：天津社会科学院出版社，2006：297.

世界充满着情感因素"①。儒家的"情"既是日常话语中的"人情"，也是超越现实的"天地境界"之情："这里的审美——天地境界，便不只是泯灭一己与自然万物同一而已，它成了一种超自然、超经验的人生态度和个体品格。"② 即人在红尘滚滚的世俗生活的情感体验中去追寻意义与价值，从而获得精神的超越并寄托人生中喜怒哀乐、悲欢离合之情。

二、情者爱也

没有爱的人类是不可想象的。像舍勒所说的："爱始终是激发认识和意愿的催醒女。"③ 他还认为，爱是一种内在的价值指向。弗罗姆认为爱是一种能力，包括爱护、尊重、责任、了解④。欧文·辛格认为爱是一种评价模式，指赞扬、珍视和关心的行为⑤。人类之爱是一种人格修养和精神境界，达到这种境界的人应该能够超越个人利害和地域、民族、时代的局限，把爱无差别地赋予整个世界。人们对于苦难的同情，就深刻地体现了人类之爱。爱是自身情感的流露，是人格自尊的体现，也是对他人依赖关系的表达。

事实上，亲近他人，以及对他人的友善都是爱。休谟就曾指出："我们的爱和恨永远指向我们以外的某一个有情的存在者。"⑥ 休谟认为，爱就其本身而言，一定指向某个异于自己的他者，爱呈现的是人际之间的美好关系。"爱人者人恒爱之。"（《孟子·离娄下》）几千年来，人类的秉性一直如此，没有根本性的改变。印度哲学家奥修就爱的内涵做了深刻的阐释。其实，在人类社会中，一个具备大爱和博爱的人，他往往深刻理解自己所处的社会，高度关注人类面临的命运；相反，他对人类爱得越深沉，他越能成为一个具有大智慧的人，从而代表着全人类共同的声音。比如孔子、

---

① 李泽厚. 走我自己的路：杂著集［M］. 北京：中国盲文出版社，2002：333－334.
② 李泽厚. 历史本体论·己卯五说［M］. 北京：生活·读书·新知三联书店，2003：103－104.
③ ［德］舍勒. 爱的秩序［M］. 林克，等译. 上海：三联书店，1995：36.
④ ［美］弗罗姆. 爱的艺术［M］. 刘福堂，译. 合肥：安徽文艺出版社，1986：49.
⑤ ［美］欧文·辛格. 超越的爱［M］. 沈彬，等译. 北京：中国社会科学出版社，1992：9.
⑥ ［英］休谟. 人性论［M］. 关文运，译. 北京：商务印书馆，2016：361.

孟子等先贤圣人就是这种具有大智慧的典型代表。

爱国主义是自古至今人人都知道也应该知道的爱。对祖国的情感虽然不是人的一种自然情感，却是缘于人的自然情感。因为这片土地是自己的亲人以及自己的祖祖辈辈繁衍、生长和生活的地方，所以我们把它称之为"祖国"。这一个"祖"字里包含着丰富的情感内涵。儒家重视祭祀祖先，主要是为了表达对祖先的纪念和满足自己的宗族情感。于是对父母双亲的爱很容易通过纵向的血缘亲情的关系推之于对已经故去的祖先的爱。同时，这种爱又通过横向的社会交往关系推之于对与自己共同生活在这片土地上的其他人的爱。大概越是远离祖国的人，越是能更真切地体会到对祖国的那份爱。一些将要漂泊海外的游子，总要随身带上一把故乡的泥土，因为这把泥土可以寄托游子对故土的深切眷恋之情。也正是这种眷恋之情，使得西汉使臣苏武能忍受被拘留于匈奴 19 年的饮雪吞毡食野菜的艰苦生活，最终回到祖国的怀抱；正是这种眷恋之情，使得东汉才女蔡文姬能忍受骨肉分离的剧痛而毅然回到她魂牵梦绕的祖国。

三、反情以和其志

《乐记·乐象篇》中："君子乐得其道，小人乐得其欲。以道制欲，则乐而不乱；以欲忘道，则惑而不乐。是故君子反情以和其志。"① "反情"即使人的情感返回正道而不受外在诱惑。"反情以和其志"观点强调乐教可以净化人的感情，进而使个体情感与社会伦理达到统一。《乐记》提出"致乐以治心"② 的观点是在说音乐可以触动人的内心，以唤起人原初的善端。

1. 以情纯化、净化人心

李泽厚所说的"情本体"之"情""不是动物的情感，而是人类自己建造的情感"③，"是在人的生活活动中发生"④ 的情，是一种道德情感，而这种道德情感的建立是以一定的社会伦理文化为基础的，是以理导情、融理

---

① ［清］阮元．十三经注疏：下册［M］．北京：中华书局，1980：1536．
② ［清］阮元．十三经注疏：下册［M］．北京：中华书局，1980：1543．
③ 李泽厚．走我自己的路：对谈集［M］．北京：中国盲文出版社，2004：446．
④ 李泽厚．李泽厚近年答问录［M］．天津：天津社会科学院出版社，2006：179．

于情、情理交融。中国古代社会，所谓有"德成而上，艺成而下"①。《魏文侯》中的"天下大定，然后正六律，和五声，弦歌诗颂，此之谓德音，德音之谓乐"②，即强调音乐艺术中的伦理性。在《乐记》中，只有那种合乎天地至理的"至德"音乐才是最为重要的。所谓"发以声音，文以琴瑟，动以干戚，饰以羽旄，从以箫管，奋至德之光，动四气之和，以著万物之理"③。《乐记》还非常强调音乐的伦理教育作用，《乐记》认为："人生而静，天之性也；感于物而动，性之欲也……是故先王之制礼乐，人为之节，衰麻哭泣，所以节丧纪也。钟鼓干戚，所以和安乐也……礼节民心，乐和民声。"④ 即音乐受制于伦理道德。礼乐制度中的"乐"，有教育功能，能调整和平息人的好恶欲望。其实，所谓"乐者，通伦理者也"⑤，不是说音乐、乐教本身就是伦理道德，而是其可以发挥教化功能，重点在"化"，即在化人情、人性，并以此来净化、纯化人情、人性。

同时，音乐包括文学艺术本身可以纯化人情，尤其是雅、颂之声可以化人，所谓"夫乐者，乐也，人情之所必不免也，故人不能无乐"⑥。一方面，为了愉情，人类需要音乐；另一方面，愉情也可能使人向恶转变。"夫民有好恶之情而无喜怒之应，则乱。"⑦ 荀子认为，情与性都是发自于天然，且其中蕴含着超乎想象的力量。这股力量既可能行善，也可能为恶。因此，它不仅需要外在的礼仪来规范，而且需要艺术的熏陶。故古语云："先王恶其乱也，故制雅、颂之声以道之。"⑧ 这样的疏导与转化可使人的内心情感自然地同归于社会秩序。在儒家看来，不同的音乐会引起民众不同的情感，而先王制作的雅颂之声即正音，以人的性情为基础，可以感动人的善心。

在中国古代社会中，还有学者提出文学情感要经过净化或纯正，此种

① ［清］阮元. 十三经注疏：下册 ［M］. 北京：中华书局，1980：1538.
② ［汉］司马迁. 史记 ［M］. 韩兆琦，译注. 北京：中华书局，2010：1950 - 1951.
③ ［汉］司马迁. 史记 ［M］. 韩兆琦，译注. 北京：中华书局，2010：1935.
④ ［汉］司马迁. 史记 ［M］. 韩兆琦，译注. 北京：中华书局，2010：1940.
⑤ ［清］阮元. 十三经注疏：下册 ［M］. 北京：中华书局，1980：1528.
⑥ ［清］阮元. 十三经注疏：下册 ［M］. 北京：中华书局，1980：1544.
⑦ 北京大学《荀子》注释组. 荀子新注 ［M］. 北京：中华书局，1979：336.
⑧ 北京大学《荀子》注释组. 荀子新注 ［M］. 北京：中华书局，1979：332.

情感是真情真文。而这种净化、纯正情感即雕琢情感，对此，刘勰则作了总结："雕琢情性，组织辞令。"① 刘勰还说："［割］_剖 情析采，笼圈条贯。"② 而这种"雕琢情性"和"［割］_剖 情析采"或"隐括情理"即说明对情感要纯正、要净化。文学上如何纯化，刘勰说："是以草创鸿笔，先标三准；履端于始，则设情以位体；举正于中，则酌事以取类；归余于终，则撮辞以举要。然后舒华布实，献替节文，绳墨以外，美材既斫，故能首尾圆合，条贯统序。"③ 从音乐、文学创作者角度纯化、净化情感，才是真正的音乐、真正的文学，并以此去净化、纯化人（欣赏者、读者）的心灵，从而使人心向善向美，并彰显出人的生命的价值意义与光辉。

其实，人是文化化的人，人与社会、人与自然关系的调节也需要文化来调节，在调节这些关系中，要坚持自然规律、社会规律。但是人还必须认识和掌握文化规律。而文化规律的最大特点是要通过精神活动给予人们启发，以唤醒人的自觉，而非仅依靠物质力量强制人们接受，以文化启发和唤醒人的自觉关键在于唤醒与调节人的情感需求，从而达到感化人及陶冶人的目的。

2. 以情软化理性

李泽厚先生认为理性高于感性，因为感性之中常常带有了自身的情绪。后来，他认为这是有缺陷的，并提出"理性的融化"，同时，对儒家的"温柔敦厚"的情感予以认同，于是，"溶化在情感之中，成为人的情感本身的一种因素、成分或特色"④，李泽厚认为这样一种"溶化"或"融合"在儒学那里就是"以情为本，'礼'（人文）'仁'（人性）合说"⑤。关于道德，李泽厚先生作了宗教性与社会性道德的区分，而宗教性道德最大特点即调节、软化人际关系，向冷冰冰的理性注入温暖的人情。

荀子曾说："故乐行而志清，礼修而行成，耳目聪明，血气和平，移风

---

① ［南朝梁］刘勰. 文心雕龙注释 ［M］. 周振甫，注. 北京：人民文学出版社，2002：2.

② ［南朝梁］刘勰. 文心雕龙注释 ［M］. 周振甫，注. 北京：人民文学出版社，2002：535.

③ ［南朝梁］刘勰. 文心雕龙注释 ［M］. 周振甫，注. 北京：人民文学出版社，2002：355.

④ 李泽厚. 世纪新梦 ［M］. 合肥：安徽文艺出版社，1998：300.

⑤ 李泽厚. 走我自己的路：杂著集 ［M］. 北京：中国盲文出版社，2002：449.

易俗，天下皆宁，美善相乐。"① 即礼乐教化可以使个人德性变化，也可以影响整个社会的风俗习惯。荀子还认为美感教育也即乐教（包括音乐、舞蹈、诗教等），可以使人性完美，"使其声足以乐而不流，使其文足以辨而不諰，使其曲直、繁省、廉肉、节奏，足以感动人之善心，使夫邪污之气无由得接焉"②。对此，徐复观认为："道德之心，亦须由情欲的支持而始发生力量……情欲与道德，圆融不分，于是道德便以情绪的形态而流出。"③ 徐先生认为："礼乐的意义……乃在于对具体生命中的情欲的安顿，使情欲与理性能得到和谐统一。"④ 显而易见，要让人们的七情之欲化作道德之心和实践之力，亦即使"情随理转，情可成为实现理的一股力量，而情亦是理"⑤。

新儒家唐君毅先生就"故知礼乐之情者能作"⑥ "君子反情以和其志，广乐以成其教……情见而义立，乐终而德尊"作如下的诠释："此所谓君子反情，非与情相对反之谓，乃反回其情，而更内和其志，以成其德，得见其性之端，使乐如为德性之所开出发出之英华之谓。"⑦ 这就是使君子内心愈加光明纯净，使君子外在更加正气凛然的原因。所以人的情感融入音乐当中，乐与情的交融正是乐教的含义之所以确立、德行之所以被推崇的理由所在。唐君毅认为德性之成既由其内又由其志，然以其德显之乐教。并且他强调："苟无德行之见于情，则无充盛之情流行；无充盛之情流行，即不能有此礼乐之表现。"他还指出："德性之必见于情，为君子之所以对礼乐有所述作之关键之所存。"⑧

3. 怡情冶性

儒家乐教不仅能够"通伦理"，使人理性，还可以软化理性，更重要的

---

① 北京大学《荀子》注释组. 荀子新注［M］. 北京：中华书局，1979：337.

② 北京大学《荀子》注释组. 荀子新注［M］. 北京：中华书局，1979：332.

③ 徐复观. 中国艺术精神［M］. 上海：华东师范大学出版社，2001：17.

④ 徐复观. 中国思想史论集［M］. 台北：台湾学生书局，1959：239.

⑤ 徐复观. 徐复观新儒学论著辑要［M］. 北京：中国广播电视出版社，1996：126.

⑥ 蔡仲德. 礼记·乐记［C］//中国音乐美学史资料注译（增订版）. 北京：人民音乐出版社，2007：306.

⑦ 唐君毅. 中国哲学原论［M］. 台北：台湾学生书局，1980：84.

⑧ 唐君毅. 中国哲学原论［M］. 台北：台湾学生书局，1980：85

是，儒家乐教可以怡情冶性。就乐教本身来说，乐教能够以积极向上的音乐来劝导人们向上向善，并有去除"邪污"的作用。荀子提出"美善相乐"命题，即人的心灵陶醉于以善为内容的音乐等乐教中，既是人情感的愉悦，也是人性陶冶。这时，音乐当中蕴含的向上向善的价值会浸染到人们的内心之中，影响人的喜怒好恶之情，甚至使其自觉地排斥"邪污之气"，将其抵挡在外，以免干扰情感，从而合乎礼的要求。而这种情感的取得离不开乐教的熏陶。就文学而言，《颜氏家训·文章》说："至于陶冶性灵，从容讽谏，入其滋味，亦乐事也。"① 《诗品》"序"在论及五言诗时也说："五言居文词之要，是众作之有滋味者也。"② 这种强调文章的"滋味"，不仅强调思想的真情实感和文辞的优雅美好，更重要的是可以养情养性。《文心雕龙·情采》说："夫铅黛所以饰容，而盼倩生于淑姿；文采所以饰言，而辩丽本于情性。故情者，文之经，辞者，理之纬；经正而后纬成，理定而后辞畅。"③ 文章既是人的情感的流露和表达，同时，文章也能起到陶冶人之情操的作用。这在《毛诗序》中就有："故正得失，动天地，感鬼神，莫近于诗。"④ 可以说，人性大解放的魏晋时期，文章作为人们的一种精神食粮，多给人以美的享受和乐趣。

乐教对人的人情陶冶与滋养，实质是丰富完善人的生命。人禽有别，人不仅活着，人还是文化化的人，其人所求着重于灵魂与精神层次。对此，庄子说："上以益三光之明，下以滋百昌之荣，流风荡于两间，生理集善气以复合。"⑤ 这也就是说，人与人之精神是一种生命基质，该生命基质流动、绵延、不息，有朝气。同时，应该看到，人除了有理性外，还有各种非理性因素，如原始本能。对此，弗洛伊德提出，人的原始的本能、野性的冲动、被抑压的欲望以及郁积的非理性对人起着决定影响。而这些个人潜意识不是简单的说教能够调整、规范的，相反是需要乐教等艺术的滋养、浸

---

① 王利器. 颜氏家训集解 [M]. 北京：中华书局，2014：224.
② ［梁］钟嵘. 诗品集注（增订本）[M]. 曹旭，集注. 上海：上海古籍出版社，2011：43.
③ ［南朝梁］刘勰. 文心雕龙注释 [M]. 周振甫，注. 北京：人民文学出版社，2002：346.
④ ［清］阮元. 十三经注疏：上册 [M]. 上海：上海古籍出版社，1997：270.
⑤ ［明］王夫之. 船山全书：第十三册 [M]. 长沙：岳麓书社，1996：293－294.

润，即所谓"润物细无声"的陶冶。对此，李泽厚先生反对新儒家的"心统性情"说，反对去片面地追求一种抽象的空洞的道德本体，而"是要建立情感本体，以情为本，将情看成儒学的根本"①。在和平盛世重人文教化，重人的情感陶冶有着重要意义，这可以让国人在情感陶冶中，完善人性，心灵得到慰藉。

---

① 李泽厚. 世纪新梦［M］. 合肥：安徽文艺出版社，1998：275.

第五章
新时代青少年文明素养养成教育的制度规导

　　制度是人类实践活动的结果，形成于人们的交往活动和社会关系之中。人类社会发展到一定阶段，社会便以制度的形式存在。社会上有各种各样的制度，如法律、道德、风俗、习惯等。这些制度文化形塑着人的行为模式，深深地改变了人类的先天赋予。

第一节　一民之轨：法律法规的刚性约束

　　法律是人类社会一种文化现象，一种刚性的制度，对人的行为具有强制性，法律的实施由国家强制力保证。法律是现代文明社会治理的保障，它保障了每一个人尊严与自由的实现。

一、法律是一种刚性的制度

　　哈特维克勋爵认为：　"确定性是稳定性之母，因此，法律旨在确定性。"① 这种"确定性"即秩序，这种秩序表现为各种不同且多样的人类行为和关系。拉德勃鲁赫也提出："法律秩序的存在要比法律的正义和功利更

———————————

　　① ［美］博登海默．法理学——法哲学及其方法［M］．邓正来，姬敬武，译．北京：华夏出版社，1987：311.

为重要……所有人平等同意的第一位任务则是法律确定性，即秩序与和平。"①

　　法律的实施与执行是不以个体自我意志为转移的，它具有一种刚性力量。对此，阿奎那说："为了卓有成效地促进正当的生活，法律必须具有这种强迫的力量。"② 十七世纪托马斯·霍布斯认为法律即是"命令"。法律是一种命令，民众只能服从并执行。可见，作为"命令"的法律是一种刚性的制度，其最鲜明的特点是强制性。法律在其实施的过程中常常带着一定程度的"强制性"色彩，因此许多法学家都更倾向于将法的本质视作是一种"命令"。奥斯丁就曾提出："如果你表达或宣布一个要求（wish），意思是我应该做什么，或者不得做什么，而且，当我没有服从你的要求的时候，你会用对我不利的后果来处罚我，那么，你所表达或宣布的要求，就是一个'命令'。"③ 在他看来，各类法律规范其实质就是规定人之行为的指示系统，即"命令"。法律作为一种"命令"，在规训人的行为时，更多倾向于一种"禁止性"的"命令"，即法律规定人们不可以做出某种行为，一旦违反，行为人就会受到处罚。例如，《中华人民共和国道路交通安全法》规定禁止酒后驾车，酒后驾驶机动车将予以处罚。另外，我国《刑法修正案》中明确了立法目的是惩罚犯罪。可以说，作为"命令"的法律会以某种惩罚为后盾，对人们的行为提出要求。边沁也认为法律是一种"必要的恶"，这个"恶"是因为法律是"以不受欢迎的后果来威胁我们"④，若将这种"不受欢迎的"惩罚取消，则"命令"可能会更像一个"建议"或者"请求"。

　　法律的这种惩罚为其带来了一种"威慑力"。也就是说，法律若授权对某种违法行为予以相应的惩罚，惩罚会对行为人构成一种人身权利上的威胁或者风险，如此便能劝阻人们不那样行动；若某人因为做了某种被法律

---

① 转引自沈宗灵. 现代西方法理学［M］. 北京：北京大学出版社，1992：48.

② 阿奎那政治著作选［C］//西方法律思想史资料选编. 北京：北京大学出版社，1983：102.

③ ［英］奥斯丁. 法理学的范围［M］. 刘星，译. 北京：中国法制出版社，2001：18.

④ ［美］莱昂斯. 伦理学与法治［M］. 葛四友，译. 北京：商务印书馆，2017：46.

禁止的行为而受到惩罚，这种惩罚给行为人人身权利所造成的损失能劝阻其在未来不再犯规，也能在一定程度上劝阻有类似行为倾向的其他人不如此行动。法律因为其"惩罚性"就具备了"威慑力"，法律即染上了"强制性"色彩，同时，这种强制性由国家强制力保证。因此，"'严格意义上的'法律就是命令"①，强制性是法律本身的一个部分。法律的这种强制性是在一定程度上限制人的某种"自由"，但其终极目标是为了更大程度、更大范围地实现人的自由。

二、法律的目的是人的自由

马克思曾说："全部人类历史的第一个前提无疑是有生命的个人的存在。"② 人类生命的存在是一切历史的前提，若没有人类生命的存在，所有的文明和历史也将不复存在。因此，法律作为人类社会实践的产物，首先就是保障人的生命权以及人类生命延续的权利，这是法律对人的自由权利的最基本的保障。在此基础上，人们会有对生命过程多样性的追求，即追求生理或精神上的愉悦、人格的独立以及个性的张扬等。法律赋予了人们追求生命多样性的自由，即言论自由、出版自由以及行为自由等。其实，法律对各项权利的规定，都是为了保障人的自由和实现人的自由。

实际上，法律的发展伴随着人的自由的发展。人从诞生之日起便一直在寻求自由，随着社会的发展，人的自由程度也越来越高，法律为人的行为划定的自由框架也越来越大。

现代社会生产力的发展激发了人的主动性与创造性，每一个人都在不同的领域追求着自由。由于人本性中感性激发的偏好与欲望，在社会实践活动中难免引发冲突，一个人追求自由的行动可能会影响他人某项自由的权利，自由与自由之间产生了冲突。因此，法律以分享自由，保障最大化自由为基础，对人的行为画定了"红线"，以确保在这个制度之下的所有人都平等地享有追求自由的权利。法律对自由划定了界限，在这个界限内，

---

① ［美］莱昂斯. 伦理学与法治［M］. 葛四友，译. 北京：商务印书馆，2017：41－42.
② 马克思恩格斯选集：第一卷［M］. 北京：人民出版社，2012：146.

人享有有限的自由，同时，法律对人自由的限定又为人实现其自由提供了可能。因此，法律的目的即在于实现人的自由。

洛克认为，"不管会引起人们怎样的误解，法律的目的不是废除或限制自由，而是保护和扩大自由。这是因为在一切能够接受法律支配的人类的状态中，哪里没有法律，那里就没有自由"①。在洛克看来，法律虽以惩罚为手段，剥夺或限制人的某些自由，但这并不是法律真正的目的，法律旨在分享自由，维护公众福利；法律在其构建的框架内给予人自由，而在这个框架之外，人则无自由可言。法律是理性协商的产物，其目的是建立一种优于自然的生活状态。遵守法律不是失去了自由，而是获得了人之自由，获得了在一定范围内自身权利不受他人侵犯的自由。人逐渐摆脱了欲望与偏好的影响，也实现了"不役于物"的自由。

人的自由在每一个时代，都会有其具体的表现形式。黑格尔认为："任何定在，只要是自由意志的定在，就叫做法。所以一般说来，法就是作为理念的自由。"② 在黑格尔看来，自由应表现为对财富或资源的占有。要实现这种自由，有必要建立一定的社会秩序，以这种秩序保障人的自由与追求自由的权利，法律就是这种秩序。法律从诞生之日起，就以实现自由、保障自由为目标。

三、文明行为规范的法治化

英国著名道德哲学家玛丽·米奇利在谈论道德变革与法律时曾指出："法律标准并非完全独立于道德标准。它们来自道德标准，并以旨在表达某些选定的道德见解的方式具体化。当这些见解发生足够深刻的变革时，法律就会随之改变。"③ 事实上，古今中外诸多的立法实践均已表明，许多法律都是曾经的行动准则与道德准则。人们通过立法赋予这些准则以国家强制力，原本由准则规定并调节的内容因而成为了由律法规范的内容。之所

---

① ［英］洛克. 政府论：下篇［M］. 叶启芳，瞿菊农，译. 北京：商务印书馆，1996：36.
② ［德］黑格尔. 法哲学原理［M］. 范扬，张企泰，译. 北京：商务印书馆，1961：36.
③ MARY MIDGLEY. The Essential Mary Midgley［M］. London & New York：Routledge，2005：139.

以行动准则与道德准则能够法治化是因为这些准则与法律法规具有同一性，即二者在规范与调节的目标以及价值追求方面具有同一性。二者的目的都是规范并调节个体与个体之间，以及个体与群体之间的利益关系，解决各种利益之间的矛盾，从而实现人与自身、人与他人、人与社会、人与自然之间的和谐，稳定社会生活的秩序。

现实生活中有很多行为规范条例，但并非所有的条例都能达到规范和调节人行为的目的。为何同样作为行为调节手段的规则，法律的有效性会高于条例呢？比较二者不难发现，法律强制性内含的"惩罚"给人带来的"威慑"在很大程度上成就了这一规则对人行为的调节，而由于条例对人行为的规定——这些行为的发生可能不会对他人造成伤害——不具备如此的"威慑力"，因此，人们对于条例没有敬畏之心，也就让条例丧失了其功能。

实际上，法律所禁止的某些行为起初并不会给人带来伤害，但随着时代的变迁，这些行为也在悄然发生着变化。曾经不以为意的某些生活陋习如今可能已经演变成了危害公共健康的违法行为。例如，"乱扔垃圾"。这一行为起初并不会对他人的人身安全产生威胁，但随着现代化进程的加快，人们都住进了高层建筑，原本属于生活陋习的"乱扔垃圾"，随着现代化的脚步也演变成了"高空抛物""车窗抛物"等行为。起初看似"无害"的不文明行为，现在可能给他人和社会造成巨大的伤害。高空抛物致人伤残甚至致人死亡的事件多有发生，成为了"悬在城市上空的痛"。2021 年，高空抛物这一不文明行为被纳入了法律管辖的范畴，许多类似行为也都开始以法律的手段来予以制止。法律的发展也是伴随着人的自由的发展。新时代，我们有必要以更明确的法律规范来约束和禁止不文明行为，让全社会了解我们"禁止什么"又"倡导什么"，让"文明"从条例上升为法律。当然，文明行为立法暂时只能针对某些违法界限清晰、适用法律明确的不文明行为，对于那些违规界限不清的行为，我们只能从打造一个文明的社会环境开始，让那些目前无法被惩罚的不文明行为消失在一个文明的社会里。近年来，有些城市为了更好地巩固文明创建成果、强化常态化管理，把文明城市创建工作取得的成功经验上升为地方性法规，通过立法将其固化，从而建立长效机制。从以往的经验来看，文明行为立法的确能够有效地提高市民文明素养水平及城市文明程度，能够加速推动社会主义精神文明建设。

一般而言，行为文明与否当属道德调整范畴，而非立法对象。但社会的发展与法治思想的创新让人们逐渐意识到原属道德调整范畴的行为的文明与否可以被纳入法律，某些行为规范也可以以立法的形式来宣示或固化，赋予规范一种"权威性"与"神圣感"。

第二节　化民成俗：乡规民约的柔性约束

如果一个社会只有强制的、刚性的法律制度，即便它在理论上是公正与完善的，也很难保证社会的正常运行。其原因有二：一者，法律有其限度，对于某些并未触犯法律的不文明行为我们无法诉诸法律；二者，人有主体性与自觉性，若以柔性的教化替代刚性的约束，则能更好地激发人本性中的文明性。因此，我们还需要以风俗、习惯、乡约等道德力量对人们加以柔性约束。

一、乡规民约的柔性约束

乡规民约是一定乡村区域共同体成员在互相协商的基础上自主制定的规范。乡规民约包括"乡规"与"民约"两部分。其中"乡规"是一种自上而下的规范制度，"民约"是乡民协商订立的一种约定，但不论是"乡规"还是"民约"均是一种内生性的非正式制度，其特点是群定而非法定。乡规民约包含了日常生活中积淀而成的风俗与习惯。以地缘与亲缘关系为纽带的乡村社会为协调不同家族或村民之间的关系，维持社会正常运转，在长期的生活实践中逐渐形成了乡规民约。乡规民约的约束力并非来自外在的强制力，这种约束通常依靠民众约定俗成的规则与惯例，以及社会舆论，因此，相较于正式制度，乡规民约有非强制性与灵活性等特点。

一般而言，国家颁布的正式制度具有强制性与非灵活性，如法律。法律最大的特点就是其强制性，法律一般以某种强制性的惩罚为后盾，并且由国家强制力保证实施，法律凭借"惩罚"所带来的"威慑力"震慑人们不违法。不同于人类理性产物的现代法律，诞生于"重情"的乡村社会的乡规民约在协调民众利益与维持社会秩序时往往以较委婉温情的方式规劝与教化民众，其惩罚方式也是通过舆论的力量得以实现。在处理事务时，人们往往依据具体情况而做出人性化变通。可以说，在现代社会治理方面，乡规民约的存在是对刚性法律的一种柔性补充。虽然"法"的力量与作用在传统的乡土社会中被弱化，但重礼治、重乡约的传统社会却依旧形成了"无法而有序"的局面。

二、乡规民约助推文明风尚

乡规民约一般依靠风俗习惯与公共舆论化民成俗，助推乡村社会的文明风尚。风俗与习惯均起源于地方的日常生活，属于自发性规范，具有内生性特征。风俗与习惯几乎涵盖了包括人们衣食住行在内的生活的所有方面，在规范人的行为与调节社会关系等方面具有强大的力量。风俗与习惯产生于"集体意识"，即"社会成员平均具有的信仰和感情的总和，构成了他们自身明确的生活体系"①。这种集体意识多存在于传统的乡村社区。生活在一定区域（乡村社会）里的人会因为地域的限制而拥有共同的生活，他们在各个方面均形成了相似的价值观念，从而产生了共同的意识。一般情况下，他们会遵从风俗与习惯行事，但"如果一种行为触犯了强烈而又明确的集体意识，那么这种行为就是犯罪"②。毫无疑问，这种"犯罪"行为即触犯了当地的乡规民约，人们对于这种行为会予以谴责与抵制。对共同体共同规约的侵犯即是对集体意识的侵犯，此种侵犯通常会引发人们强烈的情绪性反应。因为"它（强烈的集体意识——引者注）根本不可能容

---

① ［法］涂尔干. 社会分工论［M］. 渠东，译. 北京：生活·读书·新知三联书店，2000：42.

② ［法］涂尔干. 社会分工论［M］. 渠东，译. 北京：生活·读书·新知三联书店，2000：43.

忍任何对立面的存在"①。这种行为侵犯了共同体神圣的道德秩序，违背了共同体的价值取向，从而使得每一个"守矩的"共同体成员愤愤不平，以各种方式予以抵制。其中，公共舆论是最主要的方式之一。公共舆论是以"集体意识"为核心，基于"集体监控"的"至高无上的统治力量"。公共舆论是社会风尚的反映，它与法律等一同守护着共同体的信仰与价值取向。这种基于"集体监控"力量的"公共舆论"在传统的乡土社会中作用较大。在传统的乡土社会中，个体与共同体联系紧密，个体的任何行为都暴露在集体的监控之中，一旦逾矩，便会引起人们的不满，从而被舆论制裁。这种舆论来自熟人社会中人际间的信任与压力。不可小觑这种舆论的制裁，它对共同体成员的社会性惩罚并不亚于法律的制裁，因此，公共舆论对生活在一定区域的共同体成员有着很强的约束力。当然，乡规民约的合法性与有效性主要还是依靠共同体成员对规约的普遍认可，依靠情感力量与道德良心。

乡规民约来源于人们的日常生活，又支配着人们的行为习惯。中国人的一生都会受到种种礼俗的包围和支配。中国的文化正是通过这种礼俗得以在一代代人中绵绵不绝地传承。人们的生活与交往均以此为起点。

三、乡规民约的现代化转向

新时代，诞生于传统乡村社区的乡规民约仍有其存在的意义与价值。一方面，中国是一个地域广阔且民族众多的国家。法律作为维持社会秩序的手段之一，无法全然顾及各地域的实际与各民族的风俗，其只能作为对抗共识性错误举动的标尺而存在②，对于不同地域与不同民族的具体问题以及差异性错误，法律仅仅只能作为参考，实际仍需乡规民约来规范与约束。另一方面，法律所制裁的是违法行为，但实际中，人们的许多行为虽不得体，不合理，但并未上升到违法犯罪的层面，因此，法律也无权惩治这类

---

① ［法］涂尔干. 社会分工论［M］. 渠东，译. 北京：生活·读书·新知三联书店，2000：62.

② 郑文宝，姜丹丹. 乡规民约的当代意蕴——基于传统与现实的问题意识思考［J］. 安徽师范大学学报（人文社会科学版），2016，44（1）：105－111.

行为，而乡规民约的道德规范功能便能很好地起到规范人们这类行为的效果。因此，传统中国伦理型社会流传下来的一些伦理观念与道德规范在当代中国社会仍然具有规范人的行为、协调人际关系、维持社会秩序、淳化风气等重要作用。

但不得不承认传统乡规民约要在新时代有效地承担起教化与规范人的行为、协调人际关系、维持社会秩序、淳化风气等重担，就一定要完成现代化转向。

其一，传统乡规民约的现代化转向要以现行法律为根据。传统礼治社会中"无法"的现象使得乡规民约在规范人的行为等方面具有至上的地位。而当代中国属于法治社会，法律的地位必然要高于乡规民约。即使乡规民约在一定程度上有助于维持社会秩序，但仍无法超越现行法律。因此，乡规民约的现代化转向首先必须符合我国现行的法律法规。受制于内生性特点，传统社会中的乡规民约有着传统乡土社会的局限性。一些规约甚至与现行法律相悖，虽能形成"无法而有序"的局面，但这显然不利于法治中国的建设。因而，新时代乡规民约的订立要以现行法律法规为根据，在现行法律法规的框架下缔约，既体现"民约"特色，又彰显"法治"精神。其二，传统乡规民约的现代化转向要体现时代精神。事实上，乡规民约在每一个时代都受制于当时的社会主流意识形态。传统社会中一些落后的观念不利于新时代中国特色社会主义核心价值观的弘扬与践行。如"女儿没有继承权"等，这有悖于社会主义核心价值观中的"平等"观念，因此，在现代化的浪潮中，乡规民约要在延续并传承传统乡土社会的生活逻辑之下，摈弃落后思想，与时俱进，既体现"乡土"特色，又彰显"时代"内涵。其三，传统乡规民约的现代化转向要与政府进行有效衔接。中华人民共和国成立后，国家对于农村管理进行了新的尝试，弱化了乡规民约中的一些有益元素。乡规民约的传统也因此受到一定的影响。同时，在现代化与城镇化的过程中，乡规民约的社会认同度逐渐下降，其约束力也日渐式微。在新的社会秩序之下，乡土社会中的乡规民约已逐渐失去了传统意义上的功能与价值。要恢复乡规民约的认同度与约束力，就必须重振其威望。因此，乡规民约的现代化转向需与政府有效衔接，借助政府的权威重塑自身的威望，同时填补政府在崇文重教、淳化民俗等方面的缺失。与政府携手，既体现"自治"特色，又彰显"共治"精神。

新时代，乡规民约要有效地发挥传统意义上的功能与价值则需不断发展与完善，要传承中国传统社会中的"乡土性"亦要融合现代社会的"现代性"，要继承乡土社会里的"人情"，又要导入现代社会中的"理性"。以情导善，以理疏利，不仅可以有效地解决纠纷，以维持良好的秩序，还能很好地教化民众，培育良好的文明素养。

第三节　藏礼于器：劝导技术的物化规范

人的行为是人与一定的物质环境交互导致的结果，因此，行为在一定程度上可以被规训。若是外部物质环境能给人以正向刺激，人的行为就能在一定程度上按照正向刺激所内含的规训导向行为。伊德也认为：人无法直接地经验到这个世界，人通常要通过调解性的技术物才能与世界发生联系。这项调解性的技术物可以是内含某种价值指向的技术。通过技术营造一种积极的外部环境，这种环境会使得合乎社会规范要求的行为更容易得到实践。

一、中国古代社会的劝导技术

儒家思想言"礼"必与"器"相合。"器"即"器物"，古籍中"器"有"体现"或"涵盖"之意，"器"是"实体"，但其中凝聚了某种抽象的意义。因此，"器"被定义为"藏礼"之器，有形的器物将抽象之"礼"的理念和原则藏于其身，即"礼器"，故"礼器"之德育思想"藏礼于器"贯穿于中国古代教育始终。

孔子曾提出："唯器与名，不可以假人……器以藏礼，礼以行义……政之大节也。"（《左传·成公二年》）"礼"作为一种"形而上"的抽象的精神产物，可以借助一些有形的载体，而器物则是可以彰显"礼"的一个重要载体。"礼"与"器"的联系有二：其一，"器"是"礼"之载体，维持着中国传统社会"礼"的运行。从本质上讲，"礼"是形上之"礼"，"器"是形下之"器"，"礼"作为一种形而上的理念，若不依附于一个有形的实体，便很难直接体现和彰显其内含的价值。因此，作为形下之"器"便是其彰显价值的手段。可以说，在中国古代社会，"器亦礼，礼亦器"①，二者都是与人的社会地位相适应的。其二，"器"也可以是"礼"的物质形态。"器"本身也是一种实体，它可以通过自身，直观地表达"成教化、助人伦""明劝诫、著升沉"的德育思想。"器"通过以上方式明确和强化了人们心中"礼"的观念。可以说，"器"在中国古代社会的德育过程中扮演了一种教化工具，作为教化工具的"器"同样也拥有德育功能，"藏礼于器"这一思想使得"器"的教化成为了隐形的教化，或者说是一种间接的教化。

在传统的中国古代社会中，"礼"无处不在。礼制文化的影响使得传统器物不仅在艺术形式上呈现出大方得体、细致高雅的形态，在其内含的价值取向上也与内敛含蓄、中正祥和的儒家传统相吻合。"人们在使用器物的过程中，不但接纳了器物所传递的价值观，而且潜移默化地改变了自己的行为方式，同时学会以这种伦理观看待自己的生活。"② "藏礼于器"就是"物化规范"最原始的形态，"藏礼于器"就是中国古代社会的劝导技术。

二、劝导技术是规范的物化

"物化"即"物质化"，指在人工物的设计和制造过程中，投射某种抽象的理念，使得这种理念能够被实体化。简单来说，就是将抽象的理念物质化为某种具体的人工物。"设计"一词可以理解为人之思想与观念的"物化"。

"物化"概念最早是由卢卡奇提出的。后来，荷兰哲学家维贝克提出了"道德物化"观点，就是把"道德规范"写入技术设计中并引导人的行为，这就像电影剧本（脚本）引导着演员一样。维贝克认为工程师是"以'另

---

① 张卫. 藏礼于器：内在主义技术伦理的中国路径 [J]. 大连理工大学学报（社会科学版），2018，39（3）：116–121.
② 王琴. 中国器物：传统伦理及礼制的投影 [J]. 艺术百家，2007（5）：146–148＋151.

外一种方式在做伦理学'：他们对道德进行物化"，简称"道德物化"①。"道德物化"通过将某种伦理规范"嵌入"在技术设计中，使技术人工物具有了一定的伦理导向，在使用的过程中，它会提醒着人们要以某种特定的方式行为，以符合其内在的伦理导向，因此，"嵌入"了特定伦理价值导向的技术人工物对人的行为具有调节与导向功能。在规范原理上，技术人工物依靠技术的作用与物质力量来影响和引导人的决策，规范人的行为。

学者萝莉在其论文中提出"技术即法律"的观点。这一观点认为技术以规范形式出现，并对日常生活中人们的行为进行规范与引导。例如，法律要求司机在开车时系好安全带，但是个体可以系，也可以不系。这时，技术就能够发挥出自己的独特优势。

现实生活中这种"规范的物化"随处可见。例如，交通规则规定了在经过学校路段或危险路段时，车辆应减速让行或减速慢行，而在实际中，鲜少有驾驶员会依照规定减速，为了让这条规则被落实并产生相应的效果，相关部门会在该路段设置"减速带"，在经过减速带时，驾驶员会放慢车速以在通过它时减少汽车的震动。再例如，为车内驾驶员系安全带设置的提醒灯和警报声。车辆行驶过程中，驾驶员若没有系安全带，警报声会一直响，以提醒该驾驶员系好安全带。这一技术在现代环保观念与科学技术的发展下又做了进一步的延伸。某些车辆配有一种"自动启停"程序，即车辆在运行过程中如需停靠等候，只要轻踩一下刹车，车辆就能短暂熄火，以达到省油的效果，同时，在车辆熄火时取下安全带，车辆即启动"电子驻刹"，一步完成停车程序。但若驾驶员一开始便没有系安全带，"自动启停"及"电子驻刹"等行车辅助系统便不起任何作用。事实上，许多现代的技术（或称为技术人工物）都是制度与规范的"物化"形式，这种技术人工物在"物化"的过程中被赋予了制度属性，因此，可以被称为"制度人工物"。

在福柯看来，技术也是一种微观权力。因为技术本身作为一种微观权

---

① PETER PAUL VERBEEK. Materializing Morality：Design Ethics and Technological Mediation [J]. Science, Technology & Human, 2006 (3)：361 – 380.

力，和权力一样，都是作为外部力量来规范人的行为，只是角度不同罢了。换句话说，技术可以作为权力的运作机制，以帮助权力的实现，也可以帮助制度与规则的实现。

三、劝导技术是人的物律

"伦理规范"和"法律规范"通常被认作是规范人的行为的两种主要手段。伦理规范是一种柔性规范，一般由社会舆论等非强力手段给行为人内心造成一定的压力，从而调节人的行为。不同于伦理规范的作用机制，法律规范是一种刚性的约束，法律是国家的强制力量，以解决冲突为导向，利用制裁的手段给违法行为人以惩罚。而"道德物化"则是一种新的措施。它强调技术和设计在人的行为规范方面的作用，靠技术的物理功能来规导人的行为。例如某些车辆配备的"行车辅助系统"，这种系统对驾驶员行为的调节作用不依靠纯粹的观念，而是靠某些"观念化的"物理作用。因此，"技术规范"可以被称为"物律"。

康德认为"道德自律"是"人为自己立法"，即"要这样行动，使得你的意志的准则在任何时候都能同时被视为一种普遍的立法的原则"。"道德自律"借助的是人的"良心"。"道德他律"是出于社会评价与法律的强制使人服从于异己的权威而行事，在这里，人对其名誉的爱惜使得社会评价的他律作用成为可能。事实上，"物律"也有"他律"的特点。"物律"是人迫于异己的物质的力量而行事，这种物质就是技术，这种力量就是技术的物理功能。显然，道德中他律、自律可以规导人，而物律同样也可以规导人。

在现实生活中，时常有人面对规则熟视无睹，或明知不可为而为之，对于这些自控能力不强的人来说，"物律"具有"法律规范"与"伦理规范"所不具有的新优势。"法律规范"与"伦理规范"无法直接作用于人们的行为，惩罚与评价也只体现在事后。对于那些可能造成不良社会影响的行为，应及时给予限制与阻止，危害出现之后的谴责与惩罚无法挽回人们的损失。这正是"物律"发挥作用的空间。"物律"最大的特点就是借助物质技术，使人们或是自然而然或是不得不按其要求行动。同时，这种依靠物理功能的规范手段可以直接作用于人的行为，并且伴随着整个行动过程，具有直接性。例如，超市中购物车的使用与回收。超市购物车的使用给顾客带来了方便，但有些顾客在使用完后可能会随意停放。一些超市就使用投币取车的形式。顾客在使用完购物车后需要将购物车放回固定的停放点，之前投入的硬币就会自动归还。这样的设计在一定程度上有效地解决了超市购物车乱停乱放的情况，从而使得超市的公共空间井然有序。又比如，现实生活中很难根治的酒驾。但如果我们换一种角度去思考，从"物律"出发，直接在驾驶室内部安装酒精浓度测量仪，使之限制汽车的发动呢？是不是能够较好地实现限制酒驾的行为？当然，这只是一种猜想。但将社会价值直接融入个体行为之中的"物律式"劝导的这种举措是"伦理规范"和"法律规范"都难以办到的。除此之外，"道德物化"同样能起到教育驾驶者遵守交通规则的作用，且内含环保价值取向的"自动启停"程序还能达到资源节约的效果。

作为内含着社会共同体公共利益的价值导向的劝导技术具有强制性特点，如果推广不当，则有可能给人们生活带来困扰。因此，在这类技术应用之前，应该保持谨慎的态度，充分调研，广征意见，同时还应经过实验室测试与试点运行，另外，劝导技术开发与推广应依据国家的有关政策和相关标准。

总而言之，这些技术物是"物化了的规则"，其本身就含有一定的价值取向，这种价值取向会在物的使用过程中传递给人，从而在改变着人行为的同时也悄然改变了人的价值观。传统中国已经形成了"藏礼于器"的德育逻辑，将器物作为育德的载体，现代社会也需大力发展"物律"，以辅助"规范内化"，从而实现人的"自律"。"物律"就其本质而言仍然具有"他律"的性质。但德性或文明素养养成的最终目的是达到一种"从心所欲不逾矩"的"自律"状态。

四、劝导技术力促规范的内化

技术从两个维度力促规则内化：其一，"道德物化"从技术入手，通过把一定的行为规范"写入"人工物中，从而对人的行为进行规范和调节。

"道德物化"利用技术对人行为的影响促使人接受这种规范的"安排",久而久之,这种"安排"便储存在人的潜意识中,人会不自觉地按照"安排"行事,被"安排"的规则成为了人的固定行为模式,再无须其他外在于自身的力量对其进行"劝导"。其二,被"嵌入了"行为规则的"物"本身就内含着这项规则所秉持的某种价值倾向。在该物被使用的过程中,这种被"嵌入"的价值传递给了使用者,使用者从抗拒到被迫接受再到主动行为,这种"物"就完成了"内化"这一过程。

"道德物化"不但是一种"德行"的实现方法,而且也有助于"德性"的养成,有助于"道德内化"的实现。亚里士多德曾说:"一个人的实现活动怎样,他的品质也就怎样。"① 朱熹也说:"德者,得也,得其道于心而不失之谓也。"② 德,是人外在地按照某种规则、规范行动,且长期坚持,最终内化于心的一种人的品格。行为主义心理学认为,人的一切社会行为几乎都并非出于纯粹的人类理性,外在于人的环境也是影响着人行为的条件。因此,在德性培养或称之为"道德内化"以及文明素养的培育上,要注意培养良好的行为习惯,而"道德物化"正逢其时。它会在人们不注意的时候予以提示与警醒,使人意识到该如何行为,并自觉按照一定规则去行动,长此以往,最终会形成良好的习惯。因此,"道德物化"有助于"德性"的养成,从而实现道德的内化,助力青少年形成良好的文明素养。

仅仅利用外在于人自身的力量来对行为进行调控,其结果可能会是"民免而无耻"。通过个体自觉遵守并内化为一种德性素养,则可能会是另外一个结果——有耻且格。只有把观念植入人心,调动起人的"内在动机",使其成为人行动的根本依据,人的行为才能真正地做到出于"道德目的"且合乎"道德规范",如此,才是真正养成了内在的"德性",也因此才能为文明素养的养成奠定坚实的基础。

---

① [古希腊]亚里士多德. 尼各马可伦理学 [M]. 廖申白,译注. 北京:商务印书馆,2003:38.

② [宋]朱熹. 论语集注 [M]. 北京:商务印书馆,2015:146.

第六章
新时代青少年文明素养养成教育的多方联动

人不是孤立的个体，青少年并非成长于真空之中，他们必然与周围的世界相互依存，且或主动或被动地与之相互作用。家庭、学校以及社会等因素相互联系在一起，个体正是在这种联系与作用中发展了自身。因此，青少年文明素养养成教育必须吸收各方优势资源，加强多方联动、多主体协同，从而真正实现全员育人、全程育人以及全方位育人。

第一节 三位一体 协同育人

2023 年 1 月 13 日，教育部等十三部门联合印发了《关于健全学校家庭社会协同育人机制的意见》（以下简称《意见》）。《意见》指出健全家校社协同育人机制的工作原则即"坚持育人为本"，"坚持政府统筹"，"坚持协同共育"以及"坚持问题导向"。政府应充分发挥统筹协调作用，加强系统谋划，推动部门联动，强化条件保障，促进资源共享和协同育人有效实施。家校社要各展优势、密切配合、相互支持，合力育人，共同担负起青少年成人成才的重要责任。

一、政府统筹与协调

政府自诞生之日起就具备两种职能，消极职能与积极职能，其中积极职能是"促使对大多数公民而言的共同愿望的实现"①。在新时代的今天，绝大多数人的共同愿望是生活在一个文明祥和的社会里，在如此的社会中，事务的运行井然有序，人与人之间彼此尊重，相互礼让，每一个个体都温文尔雅，他们都能在这样一个社会中发展自己的才能，成就自己的梦想。政府的积极职能即是要带领人们打造一个像这样的文明社会。文明社会的打造关键在于人的（尤其是青少年的）文明素养的养成。因此，新时代背景下，政府的积极职能中必然暗含着促进青少年文明素养的养成。

政府在引导青少年文明素养养成教育事业全局并推动其发展等方面起着统筹与协调的作用。在新时代青少年文明素养养成教育中，政府既是养成教育工作的"总指挥"，也是各方资源的"组织力量"。作为"总指挥"，政府要在总体上规划青少年文明素养的培育方向，提出符合时代新人的根本性素养要求。例如，在新时代背景下，政府应注重社会主义核心价值体系对于青少年文明素养养成教育的重要意义，培养青少年的家国情怀、人类命运共同体意识等，强化青少年的社会责任感与历史使命感，注重中华优秀传统文化的传承与创新，培养青少年的民族精神与时代精神等。作为"组织力量"，政府要发挥其监管职能与调控能力，协调好学校、家庭与社会三方力量，并使其相互支持，互相配合，使三方在文明素养养成教育的目标、内容等方面形成既统一又互补的局面，三方形成合力共筑青少年文明素养养成教育的平台。除此之外，在新时代背景之下，政府还应大力弘扬社会主义核心价值观，并在此基础上开展各种文明实践活动，为青少年文明素养养成教育打造一个良好的社会氛围与文明实践平台。青少年文明素养养成教育不仅仅在于文明素养相关知识的习得，更在于文明实践能力的养成与提升。恩格斯曾指出"文明是实践的事情"②。文明实践应注重青少年在文明素养养成教育中的亲身经历与感悟，以及在此过程中意义的生成。因此，政府不仅仅有责任为青少年文明素养养成教育打造良好的社会环境，更要给青少年提供文明实践的机会和平台。政府在公共资源建设方

---

① ［英］罗素. 权威与个人［M］. 储智勇，译. 北京：商务印书馆，2019：33.
② 马克思恩格斯全集：第三卷［M］. 北京：人民出版社，2002：536.

面应充分挖掘人文资源，以提升青少年文明素养的精神财富。在青少年素质教育基地建设等方面要通过整合各方教育资源，创建文明实践基地，全面统筹青少年文明实践活动。

罗素曾指出："没有政府，不可能有富于成效的主动性。"① 诚然，政府的统筹与协调对于文明社会的建设十分关键，但个体与群体的积极配合也不可或缺。文明社会的建设既需要政府的主导，也需要个体与群体的积极参与，若没有政府"掌舵"，社会这艘巨大的邮轮就会失了航向，但如果没有个体与群体的积极参与，文明社会的建设则会止步不前。因此，学校、家庭与社会在青少年文明素养问题上也要予以高度重视，并在政府的统筹与协调之下积极配合，形成三位一体协同育人的局面。

二、学校教化与主导

作为青少年接受教育的主要场所，学校应秉持"德育优先"的理念，落实"立德树人"的根本任务，以促进青少年文明素养的养成，保障青少年的全面发展。

1. 纵向关照，细化德育目标

不同年龄阶段的青少年身心发展存在不同的特点。学校文明素养养成教育要基于青少年特定阶段存在的不同特点采取不同的教育方式，培育不同的品格素养，从而逐渐形成良好的文明素养。

对于学龄前儿童，要特别重视行为习惯的培养。培养儿童按照一定的规矩去行动的能力，并让儿童养成一种简单的自觉意识。这种意识的培育是义务感培育的初始阶段。由于儿童在这段时间主要依靠观察与模仿了解周围事物，形成行为习惯，因此，此阶段给儿童树立良好的榜样，并初步引导儿童发展道德想象力对于其行为与习惯的养成非常重要。通过想象，儿童能够预见自己的行为可能会给他人造成怎样的后果。在这一阶段，还应将儿童正确的行为方式加以训练，从而"固化"为行为习惯。学龄前的儿童对缤纷的大自然也充满了好奇，大部分的幼儿教育也会在这个阶段帮

---

① ［英］罗素. 权威与个人［M］. 储智勇，译. 北京：商务印书馆，2017：72.

助孩子认识许多动植物，因此，老师可以在教孩子认识动植物的同时，培养孩子爱护动物、节约资源、保护环境等一系列生态环保意识。此外，这个年龄阶段是道德情感培育的最佳时期。

小学阶段除行为习惯外，还要注重培养规则与秩序意识。步入小学之后，孩子要遵守更多的规章制度。入学初期，低年级的小学生在积极遵守行为准则与规章制度的同时会对准则的内容，对"应该怎样做""为什么这么做"产生浓厚的兴趣。届时，教师可以进一步引导学生思考"某种做法可能导致何种结果，而哪种行为才是正确的"，以提高学生的道德想象力，从而让学生形成一定的道德判断力。但在这一阶段，学生绝大多数的行为都直接由动机支配。当行动准则的要求与其直接愿望产生冲突时，他们的行为会容易倾向于后者。同时，小学时期也是组建少先队的时期，对于少先队员来说，热爱祖国，热爱人民，孝敬长辈，爱护公共财物，锻炼身体，努力学习……都是必备的品质。

到了初中阶段，学生的心理发生了一些变化。他们开始希望获得同学与朋友的承认与肯定。这一时期，除规章制度与行为准则外，同伴群体中也会自发地产生一些"规则"，这些"规则"同样也会对青少年的行为产生一定的影响。与同伴的交往成为了青少年个性形成的关键因素，因此，群体中自发产生的那些规则的影响逐渐凸显。不同于小学阶段，初中阶段的孩子更加在意人与人之间的关系，此时，同学之间友谊的价值在很大程度上促进着个体情感的发展。因此，在这个阶段，学校应培养学生仁爱与友善的待人态度，引导学生发现人与人背后的尊重价值。初中阶段也正逢青少年的叛逆期，对于这个阶段的学生，学校老师应予以更多的关注。叛逆期的学生有着强烈的独立意识与自我意识，对于这一阶段的学生而言，"引导式"教育会更有成效。在这一阶段，学校应增强学生的自信心，培养学生的尊严感。另外，青春期的孩子由于还未形成科学的价值观，其思想易受外界影响，他们常常模仿影视剧中人物的行为，打架斗殴，校园霸凌等现象在一定程度上都"归功"于此。因此，学校可以大力宣扬正面典型，让学生认识到真正值得被模仿的"爱豆"的样子。

高中阶段是青少年人生中最重要的阶段之一。这个阶段的学生在思想上逐渐成熟，但又未完全成熟，其行为习惯已逐渐养成，但又没有完全养成。因此，在这个阶段，对于青少年仍存在的某些不文明的行为，学校应及时调整。高中生直面的是凝聚了无数期待的高考，他们顶着巨大的压力向往着未来。在此阶段，学校应强化学生的心理辅导，为孩子的健康成长保驾护航。同时，高中阶段是理想教育最好的时机。学校要以理想激发学生的奋斗意识，发掘学生的潜能，唤醒潜藏在学生内心深处的成长需求，培养心理健康且理想远大的青少年。高中阶段的青少年在不久之后都会成为成年人，迈入大学或进入社会，为了让他们将来能更好地适应成年人的身份，更好地适应大学的生活，此时，学校应培育学生的责任感与自律意识。

大学阶段，学生在思想上又有了新的变化。从高中迈入大学，不论是人际交往、学习习惯、生活习惯等，各个方面都发生了巨大的变化。绝大多数的青少年在迈入大学时都已成年。但由于学习、生活与交往等方面断崖式的转变，学生无法"一夜长大"，因而呈现出与中学类似的幼稚行为，但又因为大学自由式的管理制度导致许多学生在自身行为管理方面甚至不如中学生。因此，在这个阶段，学校应大力培养学生的自律能力以及作为成年人的责任意识与担当精神。

苏霍姆林斯基曾说："教育者的教育意图越是隐蔽，就越能为教育的对象所接受，就越能转化成教育对象自己的内心要求。"[①] 可以说，针对不同年龄段的学生予以纵向关照，分层引导，层层推进，逐步提升学生的行为与思想境界，这不仅淡化了文明素养养成教育的教育色彩，更是抓住了文明素养养成教育的重点与特点，精准定位，提高了学校文明素养养成教育的有效性。

2. 横向渗透，践行"三全育人"

学校德育实践需要坚持"三全育人"的原则，即全员、全程、全方位育人。首先，作为文明素养养成教育的主要阵地，学校应更多地将青少年

---

① 转引自崔自勤. 新时代高中学校德育体系构建的实践探索［J］. 吉首大学学报（社会科学版），2019，40（S1）：270－274.

文明素养相关知识渗透到课堂各学科的教学之中，充分发挥课堂教学这一主要渠道，以推进学科德育的发展，实现教育与教学全程育人。其次，作为学校文明素养养成教育的"主力军"，全体教师应形成合力。例如班主任与学生辅导员（中小学为品德教师及心理辅导员）。作为最熟悉学生的教师群体，班主任要多留心学生的一举一动，做到发现问题及时与学生沟通并尽早解决，学生辅导员则可以从更专业的角度与学生对谈，解开学生心里的疑惑，引导学生做出正确的判断与选择。学科教师也要立足于各学科的特点对学生进行文明素养的培育。教师与教师之间相互沟通，达成共识，实现全员育人。在全员育人这一维度，有一个群体极易被忽视，这个群体就是学生自己。文明素养养成教育除教师引导外，学生的自我教育也非常关键。苏霍姆林斯基就曾强调："只有能够激发学生去进行自我教育的教育，才是真正的教育。"① 教师要注重激发学生自我教育的动力并加强学生的自我管理能力。动力源于需求，源自理想。因此，教师应激发学生内心对于成人成才的渴望，鼓励并引导学生树立远大理想，以理想为动力奠定学生自我教育的基础。同时，社会上一些不良风气正影响着学生的行为与价值取向，为此，学生自我管理能力的提升显得尤为重要。另外，人是文化化的人，文化环境对人的品格的塑造力量是巨大的。校园作为青少年成长的主要环境之一，其文化的构建对于青少年文明素养养成教育来说至关重要。因此，要以"文化校园"为建设目标来构建"校园文化"，变狭窄的"校园文化"为宽广的"文化校园"。校园文化与文化校园的区别在于文化在整个校园里的渗透程度与融合程度。一般认为，校园文化即为营造一种良好的文化氛围而设立的一系列校园活动，包括各类典礼、校园文化节、艺术节等。这类活动虽在一定程度上充实了学生的校园生活，也传播了学校的主流精神，但这些仅仅只是"校园文化"，并非所有校园活动丰富的学校都能称为"文化校园"。所谓的"文化校园"应该是更深层次且全方位地对校园进行整体性文化建设，包括校史与当下、建筑与花草、课内与课外、

---

① ［苏］苏霍姆林斯基. 给教师的建议［M］. 杜殿坤，编译. 北京：教育科学出版社，1984：341.

师生的言行与举止等，这些无一不体现了"文化"之意蕴，无一不涵养着学生的品格。正如中国古代书院那样，强调化育与熏陶胜于灌输与说教，强调正心修身重于习得技能。可见，"文化校园"要求文化为师生所内化，养成一种良好的文明素养，形成一种儒雅的校园氛围，实现全方位育人。

当然，三全育人远不止如此。真正的三全育人绝不局限于校园之内。对青少年文明素养养成教育而言，三全育人中的"全员"应指社会中的全体成员，"全程"是指青少年成长的全过程，"全方位"则是指一切可能或潜在的教育载体，其中包括各类社会资源。因此，学校作为文明素养养成教育最重要的力量之一，应精细规划，与时俱进。不仅要纵向关照，细化德育目标，要横向渗透，践行"三全育人"，还应联合"家社"，主导协同育人。

3. 联合"家社"，主导协同育人

学校作为主导，要联合家庭与社会，充分利用家庭与社会的育人资源，组织协同育人。其一，学校作为育人的主要阵地，除认真履行教学育人的首要职责外，还应全面掌握学生的校内表现与身心发展状况，包括思想状况、情绪状态以及言行举止等。此外，学校也应主动向家长了解学生在家的相关情况。教师与家长要积极进行日常沟通，学校与家庭要保持常态化密切联系，且要特别关注特殊学生群体，如患有身心疾病的学生、特殊家庭的学生以及农村留守儿童等。其二，学校还应主动拓展社会教育资源，积极推进与各类企事业单位的合作，创建各类实践基地、实训基地、实习基地，将学校教育与社会实践相结合，在认识社会与参与实践的过程中反哺课堂。

学校是科学文化知识教育的主要阵地，是青少年文明素养培育的主要战场，在家校社三位一体协同育人的机制中，学校对家庭与社会有着直接的影响与互动性促进，因而学校居于不可动摇的主导地位。

三、家庭默化与筑基

家庭是青少年人生的起点，父母及其他家庭成员是孩子的第一任老师。

自生命伊始，儿童就持续地接受着由家庭提供的教育，在家庭教育中形成的行为习惯与心理特征是最具持久性且最深刻的。这时形成的这些行为习惯与心理特征在很大程度上影响着孩子的后续教育。正如墨子所言："人性如素丝，染于苍则苍，染于黄则黄。"（《墨子·所染》）此外，即使孩子在进入学校接受学校教育后，家庭教育也仍然是文明素养养成教育的主要载体。因为相较于学校教育，家庭教育更具连续性。因此，家庭教育必然是人之一生所接受的全部教育的奠基性教育。家庭教育基于家长的"权威性"以及教育的"潜隐性"，因而成为青少年文明素养养成的基石。家庭教育在人的文明素养养成教育的整个过程中起着默化与奠基作用。

家庭教育的默化功能不仅来自家长的管教，更来自整个家庭的秩序与风貌，即"家风"。家风是社会风气的重要组成部分，是一个家庭的精神内核。家风以一种润物无声的教育形式潜移默化地影响着孩子的心灵，在孩子的行为与习惯等方面烙上印记。在家庭教育中，家风是一个人德性养成的灵魂，而父母则是家风的奠基者。

首先，在家庭教育中，家长要"言传"更要"身教"。"言传"大多是一种灌输性教育。"身教"即指家长以自身的实际行动影响与教育孩子，这种教育是一种隐性教育。对于教育来说，言语说教必不可少，毕竟语言是交流的工具，但对孩子的文明素养的养成而言，家长在日常生活中表现出来的行为更能达到教育效果。家长的举止对于孩子而言是一幅完整的行为图式。孩子有着很强的可塑性，会在或有意或无意的情况下仿效父母的行为，因而，当家长试图去纠正孩子某方面的行为时，首先要学会反思自己的言行。同时，家庭教育占据了天然的亲情权威性。在孩子心里，父母的一言一行都是可以被模仿的榜样，他们会按照父母的言行方式来构建自己的认知，并模仿父母的行为。可见，家长的"身教"对青少年文明素养养成教育起着重要的作用。因此，家长要以身作则，树立榜样，用行动教育孩子，潜移默化地影响孩子。作为新时代青少年文明素养养成教育的家庭培育者，家长在这个过程中有着无可替代的模范作用。

其次，家庭教育还应注重构建平等的亲子关系。青春期的孩子有着强烈的自尊心，他们渴望被人尊重，被平等对待，因此，家长在文明素养养成教育方面不应该仅对孩子进行简单的单向教育，而应将他们置于一个平等的位置，使他们可以与家长平等地沟通与交流。届时，家长应耐心倾听孩子内心的想法，尝试着理解孩子，接受孩子的意见，并满足孩子合理的要求，从而营造一种和谐的亲子关系，为青少年文明素养的顺利养成奠定基础。

最后，家庭德育应注重孩子社会公德的培育。青少年虽多数时间生活在家庭与学校，但不时也会活动于社会生活的各种场合之中。家长在教育孩子时若没有培育儿童良好的公德意识与文明行为，则可能导致"熊孩子"的出现。同样，学校生活也属于公共空间，也有秩序可言。青少年将来必然要步入社会，若没有从小培育社会公德意识，没有养成良好的文明行为，在今后的社会生活与工作之中可能会四处碰壁。因此，在家庭德育环节，家长可以借助各种出行机会培育孩子的社会公德意识与文明行为。

除家庭与学校以外，包括大众传媒以及志愿服务活动在内的社会力量对青少年文明素养养成教育也有着强大的助力助推作用。

第二节　大众传媒的正向宣导与文明风貌的形塑

大众传媒作为社会思潮的重要载体之一，承载了形形色色的思想与观念。现代社会中大众传媒文化失范现象淡化了其引导与教育功能，这无益于青少年文明素养养成教育的实施。在满足公众娱乐与消遣需求的同时，大众传媒应注重加强主流价值观的宣导，通过管控舆论，弘扬社会主义核心价值观，为青少年"在线育德"。

一、强化娱乐节目的文化价值输入

几乎每个人的生活都离不开电视娱乐节目，娱乐节目与人的日常生活以及精神生活息息相关，其承载的文化价值无形中影响了受众的思想与行为。因此，强化娱乐节目的文化价值输入对于新时代青少年文明素养养成教育来说显得尤为重要。

何为文化价值？"文化价值是指价值对象在规范和优化人的生命存在方面所具有的'好'的特质，是人在'文化'自己及周围世界的过程中创造、追求和遵循的那种价值。"① 在这里，"价值对象"即为娱乐节目。诚然，各类娱乐节目在一定程度上影响着观众的价值取向与行动方式，但这种影响是否是"规范"与"优化"则取决于这一节目是否内含正确的、有益的、符合主流价值观的"文化价值"。据此，可以说，强化娱乐节目的文化价值输入即是要注重在娱乐节目的内容之中融入那些有利于人们"规范"与"优化"自身行为与思想的正确的、有益的、符合主流价值观的"文化价值"。

以湖南卫视"大型公德礼仪文化脱口秀"节目《天天向上》为例。《天天向上》是一档综艺节目，其风格定位为"公德礼仪文化脱口秀"，即是将文化价值与娱乐性相融合，让观众在嬉笑之间感受礼仪文化与社会公德。不难看出，在这一节目里，"传承礼仪"与"倡导公德"是其推崇的文化价值。无论是"礼仪"还是"公德"，毫无疑问皆是有助于"规范"和"优化"人们自身行为与思想的。在众多同类型节目中，《天天向上》很好地平衡了娱乐性与文化性，寓教于乐，在收获了收视率的同时，还赢得了良好的口碑。除此之外，类似于《国宝传奇》《上新了·故宫》等电视节目也都很好地顾全了专业性与娱乐性。

总而言之，对于当代的娱乐节目而言，娱乐性无法单独地成为其推崇的价值，只有在娱乐性中融入优秀的文化元素，输入文化价值才符合当下的需求，大众传播方可重拾教育大众这一功能。

二、强化网络舆论的文明价值导向

"舆论是公众关于现实社会以及社会中的各种现象、问题所表达的信念、态度、意见和情绪表现的总和……其中混杂着理智和非理智的成份。"②

---

① 孙美堂. 从价值到文化价值——文化价值的学科意义与现实意义 [J]. 学术研究，2005 (7)：44–49＋147.

② 陈力丹. 舆论学：舆论导向研究 [M]. 北京：中国广播电视出版社，1999：11.

在某种程度上，我们可以认为舆论是一种道义力量，它利用话语推动社会的发展。网络舆论则是公众利用网络平台搭建一种虚拟的公共领域，动员人们针对某一社会现象发表观点，表达态度。网络的公开性与隐蔽性使得网络舆论中既存在理智的声音，也存在非理智的声音。现代社会，网络已渗入大众的生活、学习、工作之中，与人们紧密地联系在了一起。强大的传播功能使网络成为了天然的舆论场，并深深地影响着公众意见的走向。但由于网络舆论缺乏有效又有力的监管，难以将主流舆论控制在社会主流价值观之下，一些负面的舆论有可能发酵为"次生舆情"，引发网络暴力，也会在一定程度上影响公众的价值判断。因此，强化网络舆论的文明价值导向，以正确的价值观引导舆论走向，将舆论的话语导向文明，不仅能净化网络社会，减少网络暴力，还能促进青少年文明素养养成教育的实现。

强化网络舆论的文明价值导向首先要建立一种全程的引导机制。一般而言，很多网络平台的监管都是"事后"发声，等舆情发酵后再发声并不利于青少年价值观的培育，因为负面的信息已经传递到了每一个人面前，他们已经接收到了随信息而来的意见与声音。因此，建立舆论全程引导机制是舆情引导工作的创新式发展。这一机制可以及时地反映人们对某一事件的态度以及人们因此而产生的情绪变化，适时调整与引导，同时，全程引导机制还可以预判舆情的走向与事态的发展，做好应急预案，甚至可以实现在舆情爆发之前解决问题，不至于使事态失控。其次，在网络舆论中，意见领袖也能引导舆论的走向。意见领袖就是指有声望的人，他们可以是某一领域的专家、学者，可以是活跃在某一网络平台的有威望的人，也可以是本身就具有权威性的包括官方媒体在内的各类主流媒体。这些意见领袖对社会事件的解读与评判对公众有极大的说服力，甚至可以转变人们对事件的态度。事实上，我们经常在生活中看到官方媒体出来辟谣，听到权威人物出来发声。实践也证明了意见领袖确实可以在很大程度上引导舆论，甚至是将发酵的舆论引回到正轨。因此，若遇到热点问题，不妨由官方媒体邀请权威学者开展深度访谈，如此，舆论就难以被"有心人"利用，主流价值观也不会受到冲击。最后，强化网络舆论的文明价值导向还必须巩固主流价值观的主流地位。官方媒体作为主流价值观传播的主要阵地，应创新传播渠道，深入挖掘新媒体的宣传功能等。其他媒体也要大力弘扬社会主义核心价值观，让主流意识形态深入网络从而深入人心。

正如某西方学者所认为的那样，媒介是一种既定文化武器，其目的主要在于建立、维护与巩固特定社会的传统信仰和行为。大众传媒工作的根本任务是"对内以正确的舆论引导人，对外树立中国的良好形象"①。互联网时代成长起来的青少年是网络社会里的主力军，也是这一世界里的弱势群体，他们容易受到网络的影响。因此，要强化网络舆论的文明价值导向，注重引导青少年树立正确的人生观与价值观，强化新时代青少年文明素养的养成。

三、强化公益广告的公共教育功能

"公益"一词其英文为"philanthropy"，"phil"即"爱"，"anthrop"即"人类"，"philanthropy"就是"爱人类"，因此，可以认为"公益"包含着一种对于人类整体的"博爱"之情。有学者将"公益"定义为"以某种价值观为导向、以改变体制和社会生态为目标，并服务于公共利益的志愿精神和志愿行为"，即"为了公共利益的志愿行动（Volunteer actions for the public good）"②。可见，公益中最关键的是"公共利益"，公共利益即指"社会共同的、整体的、综合性和理性的利益"③。因此，冠上"公益"名号的公益广告应是立足于"公共利益"，关注"社会共同问题"的，并且内含某种社会主流价值导向的广告。公益广告的目的应该维护公共利益，并向大众传播某种社会主流价值观，以期促进大众对这种观念的认可，从而影响人们的价值观与行为。区别于其他的商业广告，公益广告最大的特点在于它不以营利为目的。作为传播社会主流意识形态的主要手段之一，公益广告在引导大众思想、传播社会主义核心价值观方面起着至关重要的作

---

① 徐胜. 树立网上中国的良好国际形象——访新华网总裁周锡生［J］. 中国记者，2000（10）：16.

② 唐昊. 中国式公益：现代性、正义与公民回应［M］. 北京：中国社会科学出版社，2015：8.

③ 韩大元. 宪法文本中"公共利益"的规范分析［J］. 法学论坛，2005（1）：5-9.

用。同时，公益广告由于其本身的公益性与社会性等特征，渗透到了人们日常生活的方方面面。公交车上或是地铁口里都布满了关于文明礼仪或是生态环保等内容的公益宣传。公益广告就以这种形式潜移默化地影响着人们的行为方式，塑造着人们的价值观。可以说，公益广告承载着教育公众的重担。

现实生活中已经涌现出了许多富有创意的公益广告。这些广告无论是在内容上还是在创作手法上，相较于以前都有了很大程度的提升。现有的公益广告突出了时代元素，因此更容易吸引大众目光。公益广告是时代文化的窗口，它传播的是时代的主流价值，关注的是时代的社会问题，反映的是时代的整体风貌。时代元素的融入会拉近广告与人们之间的距离，提升价值观的传播效果，因而更容易达到教育公众的目的。另外，广告的传播时机对于广告的教育效果也有很大的影响。重大节庆日、活动日都是传播公益的好时机，趁此时机，带动舆论，营造浓烈的公益氛围，可使传播的价值观深入人心。

内含"博爱"价值的"公益"是一种惠及天下的"善"。公益广告就是承载并传播博爱精神的一种广告形式。随着现代社会日趋进步，公益广告已不仅仅只是倡导公益的一种宣传方式，它还是公共教育的一支力量，对青少年教育尤其是其文明素养的养成有着润物细无声的作用。

总之，不论是电视、网络抑或是广告，都是一种信息传播技术。一方面，技术内嵌价值理论认为："技术是有政治属性的。"① 大众传媒作为一项技术，绝非价值中立。就其本身而言，现代大众传媒就承载着自由、多元、开放等价值。另一方面，任何一种学说的背后都蕴含有某种特定的价值观念，虽然中西方各种思想都述说着自己不同的价值取向，但在同一时空之内，一定存在着一种主流的价值导向，这个主流的价值导向就像精神领袖一样，尽管不同的价值观念之间会产生冲突，但因为存在主流的价值导向，这个社会的发展与人的发展依然会与主流价值的导向相一致。而互联网技术的发展为不同的价值观提供了自由平等的对话空间。诚然，这一空间为

---

① WINNER. Do Artifacts Have Politics [J]. Daedalus, 1980, 109 (1)：121-136.

多元价值提供了交流与沟通的场所，但也在一定程度上弱化了社会中主流价值的存在与影响。因此，大众传媒的正向宣导对于强化社会主流价值观起着至关重要的作用，对于青少年文明素养的养成有着不可推卸的义务与责任。

四、文明风貌的形塑

社会是一个由人与人构成的关系的有机整体，在这个整体之中，所有人的言行举止汇聚成了一股强大的社会风气，这股风气反过来又会影响生活在这个整体之中的所有人，尤其是青少年群体。因此，塑造符合现代社会的文明新风貌有助于青少年文明素养的养成。

1. 文明用语体系的构建

"言，心声也。"（［汉］扬雄《法言·问神》）语言是沟通的工具，也是思想的载体。人们因交往需要而形成了语言，交往也是思想传递的手段之一。因此，语言最根本的功能是传递思想。"语言的约定与形成，基本上是一种精神现象。语言意义的形成与获得，多是通过意识、精神途径进行的，语言的运用更是如此。"① 简而言之，语言是表达者体现其思想与精神的介质。往小了说，语言体现的是个体的思想与精神境界，呈现的是个体的素养水平；往大了看，语言体现的是一个民族的精神文明，呈现的是一个民族整体的文明程度。

中国素有"礼仪之邦"之称，中国古代社会历来重视礼仪，尤其注重与人交往时的语言规范与谈吐优雅。例如，孔子在《论语·颜渊》中详细阐述了"言"与"礼"之关系，他提出"非礼勿言"的观点。老子则在此基础上提出了"言行美"的要求，他认为人的一言一行都应当注重美，即"美言可以市尊，美行可以加人"（《道德经》第六十二章）。可见美言美行暗含的力量巨大。中国古代社会把庄重的仪容与谨言慎行视为君子美德，重视交往中的言语文明。清代李毓秀先生在其著作《弟子规》中也强调"奸巧语，秽污词。市井气，切戒之"（［清］李毓秀《弟子规》）。可见，

---

① 陈汝东. 语言伦理学［M］. 北京：北京大学出版社，2001：332.

古人十分注重谈吐的文雅。

随着社会的发展，现代人普遍在工作、学习和生活中都承受着很大的压力。语言通过意识与精神传递人们的思想与情绪，当然也包括负面情绪，因而语言在很多时候也被当成了释放压力的一种途径。人际交往间也就出现了许多言语不文明的现象。当然，言语不文明现象并不仅仅只表现在发泄式的"粗话"之上，一些侮辱他人人格的歧视性语言也不占少数。这些语言带有冒犯性质，普遍地引发了听者的愤怒感与羞辱感等不适的感受。由不文明语言导致的各类冲突屡见不鲜。不文明的语言带有攻击性与伤害性，在不文明话语的交锋之中，人的情绪会越发激动，冲突愈演愈烈，有时甚至会升级为肢体冲突。总而言之，语言的不文明会带来一系列社会问题，引发各种社会冲突。因此，现代社会要建设精神文明，语言文明的建设不可或缺，因为"在本质上，语言文明的上位范畴是主要是精神文明"①。

建设语言文明不仅要消除社会中存在的不文明用语现象，还要推广文明用语的使用。人们的言谈举止是一个社会文明程度的重要标志。倡导健康且充满情感的文明语言对于建设高度文明的社会具有重要意义。言语文明是个人文明素养的一个表征。古人云："慧于心而秀于言。"（《礼记·大学》）一个内心聪慧能够明辨是非的人，他的言语必定合乎规范。东汉王充也说："何以观心？必以言。有善心，则有善言。"② 一个人的言语展现的是其德性，所谓"心之所感有邪正，故言之所形有是非"（〔宋〕朱熹《诗集传序》）。

2. 文明举止的锤炼

除语言外，举止也是个人文明素养的一个重要维度。中国古代社会讲求"容止可观，进退可度"（《孝经·圣治》）。"容"指容貌，"止"即举止，"进退"是说一个人的动与静，即人之行为。这句话也就是说，一个人的容貌举止要"可观"，行为要"可度"。那么要如何才"可观"，如何才

---

① 陈汝东. 语言伦理学〔M〕. 北京：北京大学出版社，2001：332.
② 周桂钿. 秦汉思想研究（二）：王充评传〔M〕. 福州：福建教育出版社，2015：133.

"可度"呢？"容止""必合规矩，则可观"，"进退""不越礼法，则可度"①。古人们对人的一颦一笑，一举一动都有着严格的规矩。在他们看来，一个人的内在气质都会通过其仪态与服饰呈现出来。容貌可以呈现出一个人的精神状态，举止可以展现一个人的素质与修养。《礼记》指出："礼义之始，在于正容体。"（《礼记·冠义》）也就是说，端正的容貌是礼义的开端。东汉时期，"容止"甚至成为了选官的标准之一。无疑，中国传统社会对人的"容止"十分重视。

古代书院更是将"礼容之学"纳入日常教育。书院对学生的坐、立、行以及神态等都作了相应的规定。如"坐如尸""立如齐""行不中道"（《礼记·曲礼》）等。儒家认为，一方面，人的外在行为反映了这个人内心的美丑；另一方面，对于行为的规训又可以实现对内在德性的涵养。因此，古代许多思想家都主张从行动上磨炼人的性格，塑造人的气质。

不难发现，中国古代社会对"容止"的要求其实质是传统道德观在人的肢体上的具体体现，古代的君子其举手投足之间无一不有着良好的"容止"。文明的行为举止不仅仅是个人素养的体现，也是中华民族精神文明的呈现。有异于西方文化主张的"个性"与"张扬"，中国传统文化倡导"内敛"与"儒雅"。中国古代社会对"容止"的严格规定，既塑造了中华儿女"沉稳""端庄"的民族性格，又体现了国人独特的"文化心理结构"。

事实上，不论是语言还是举止，都会与特定的社会价值取向相关，也都在一定程度上涉及了文明与否的问题。人的言行举止不仅呈现了自身的文明素养，也在一定程度上反映着他所在的那个社会的社会风气，甚至体现了他所在的民族的民族精神。要打造一个文明的社会，让青少年能在一个文明的环境中受到熏陶与感染，就要先规范人们的言行，使其合乎整个社会的价值取向，合乎文明的取向。

---

① 郭芹纳. 唐玄宗御注三经［M］. 西安：三秦出版社，2017：19.

第三节　志愿服务的助力助推

党的十九大报告指出要"推进诚信建设和志愿服务制度化，强化社会责任意识、规则意识、奉献意识"①，并明确了新时代中国特色志愿服务事业的发展将以提高全社会文明程度为根本目标。作为文明社会的有机构成，志愿服务既是富有新时代时代特征的文明实践，也是青少年文明素养养成教育的重要载体。

一、志愿服务的理论基础即行善是义务

康德曾在《道德形而上学》中明确表示："行善是义务。"② 在康德那里，义务被分为"完全义务"和"不完全义务"，其中"不完全义务"又被称为"德性义务"，包含"自己的完善"与"他人的幸福"③（行善义务）。"德性义务"即"只服从自由的自我强制"④。"自由"即"自由意志"，"自我强制"即"意志自律"，"自由的自我强制"指作为本体的人出于"自由意志"的意志自律，它的另一种说法即"自愿"。在康德看来，只有出自"意志自律"或者说只有"自愿"的，才能被称为"德性义务"。而作为"德性义务"的"行善义务"应当出自"人的意志自律"即"自愿"。这里的自愿并非我们日常用法上的那种自愿，即"任意的自愿"，这种自愿通常以"感性自愿"为基础，是人们在权衡利弊得失之后的一种

---

① 习近平. 在中国共产党第十九次全国代表大会上的报告：决胜全面建成小康社会　夺取新时代中国特色社会主义伟大胜利［R/OL］. （2017－10－27）［2017－10－27］. https：// www. gov. cn/zhuanti/2017－10/27/content_ 5234876. htm.

② ［德］康德. 道德形而上学［M］. 张荣，李秋零，译注. 北京：中国人民大学出版社，2013：185.

③ ［德］康德. 道德形而上学［M］. 张荣，李秋零，译注. 北京：中国人民大学出版社，2013：176.

④ ［德］康德. 道德形而上学［M］. 张荣，李秋零，译注. 北京：中国人民大学出版社，2013：179.

"趋利"的"自愿"，而"行善义务"中的"自愿"是出自"自律的自愿"，这种"自愿"其本身就含有"义务"的特征。

"行善"何以是一种义务？"义务就是出自对法则的敬重的一个行为的必然性。"① 一方面，由于人的自爱与被爱无法相离，人在危难之际都希望得到他人的帮助。而普遍法则规定："按照一个同时可以被视为普遍法则的准则行动。"② 也就是说，普遍法则要求人们的行动准则具有普遍性。因此，为了使"得到他人的帮助"能被普遍化，就必然要将"帮助他人"法则化，因而，"行善"就是人类"帮助他人"的一种义务。另一方面，人都有追求自身幸福的目的，而康德认为"人是目的"。"人是目的"要求不仅要将自己当成是目的，也要将他人当成是目的，而不仅仅是手段。因此，促进"他人的幸福"也必然地成为了自己的目的，"行善"即成了一种义务。事实上，人是"现象界"与"本体界"的双重存在者，作为"现象界"的存在者，自然界赋予人以"动物性"即"感性"，这一动物性会唤醒人本然的欲望和冲动；而作为"本体界"的存在者，人又有应然世界赋予的"理性"，这种理性会在人的心里产生各种法则，使人克制感性冲动，排除偏好的影响。前一种"动物性"或"感性"使人具有"有限性"，因此，康德认为人是"有限理性存在者"。作为有"理性"的存在者，人的意志是能够自律的意志。人能够出于"自由意志"而"行善"。但作为"有限的理性存在者"，人的意志是一种不完全的意志，会受到感性冲动的影响，人的行为可能违背"理性法则"而服从于"感性欲求"。人在实践方面受"有限性"所影响，不必然地践行"善行"。而"对于人，符合于理性的生活就是最好的和最愉快的，因为理性比任何其他的东西更加是人"③。因此，由于人的"感性"，"行善"中包含了"任意的自愿性"；由于人的"理性"，"行善"中包含了"自律的自愿性"或"义务性"。又由于"理性"是人之为人的

---

① ［德］康德. 道德形而上学［M］. 张荣，李秋零，译注. 北京：中国人民大学出版社，2013：016.

② ［德］康德. 道德形而上学［M］. 张荣，李秋零，译注. 北京：中国人民大学出版社，2013：024.

③ 北京大学哲学系外国哲学史教研室. 古希腊罗马哲学［M］. 北京：商务印书馆，1961：328.

特性，因此，"行善"的"义务性"高于"任意的自愿性"，因此，可以说"行善"就是一种义务。

二、志愿服务的义务化转向

"行善"的方式有很多种，"志愿服务"即是其一。志愿服务是指在不谋求任何回报的情况下，自愿为帮助他人以及改善并促进社会的进步而付出自己的精力与时间所做出的服务。毫无疑问，志愿服务以"自愿"为核心。出于自由意志的自愿能使人们克服"任意的自愿"，克服人类感性中"趋利"的本性，使人们发自内心且全心全意地奉献自己的满腔热情以帮助他人。因而，任何方式的强制性服务都不能被称为志愿服务。但由于社会的发展，个人与社会权利义务的加深与转变，志愿服务的义务化转向成为了时代的必然。

一方面，马克思认为人的本质"是一切社会关系的总和"①，社会关系因而在很大程度上决定了人的发展程度的限度。人生活在一定的社会之中，是社会中的一员，任何人都不可能脱离群体、脱离社会而单独存在于世界之上，每一个人都必然地与其他人有所联系。这种联系促成了人类的协作，这种协作推动了社会的发展，同时，现代化的发展又加深了人与社会的这种联系。人类在人与社会的互动中逐渐走向了"共同体"，每一个人都基于这个"共同体"而得以生存与发展。可以说，个人与社会之间存在着一种权利和义务的关系，即他们相互依存，相互促进，共同发展。在人与人、人与社会的这种良性互动之下产生的志愿服务，其存在的意义不仅仅体现在个人对他人以及对社会"责任"的承担，即履行"行善义务"，同时，它也是社会对个人"帮扶与关爱"的一份承诺。

另一方面，志愿服务作为"行善义务"的一种具体的表现形式，其目标不仅仅在于促进他人的幸福和增加社会的福祉，它同时也是自我完善（这里指"道德性的培养"②）的一个重要手段，追求的是人的德性之完满，符合马克思主义理论中关于人的自由和全面发展的学说。志愿服务中内含

---

① 马克思恩格斯选集：第一卷 [M]. 北京：人民出版社，2012：135.
② ［德］康德. 道德形而上学 [M]. 张荣，李秋零，译注. 北京：中国人民大学出版社，2013：176.

的仁爱精神与共同体意识是人类精神之本然。志愿服务给予了人们发现人生意义与实现人生价值的机会，为人完善自身这一目的提供了实践的平台。现代社会已经进入到了"人的自由全面发展"阶段，人的自由全面发展从德性伦理学角度来看，是以追求至善与实现人的德性的完满为目标。因此，随着时代的发展，以"自愿"为核心的志愿服务也必然要向义务化转向。

除此之外，志愿服务对于经济发展与和谐社会的建设有着重要的促进作用。志愿服务能够补充市场经济的不足，有效地兼顾效率与公平。同时，还能广泛传播正能量，推动文明的发展，促进社会的和谐。总之，志愿服务的义务化转向是时代的必然，而志愿服务的制度化建设是保障志愿服务长久发展的必要条件。

三、志愿服务的价值诉求

新时代，志愿服务要面向人民群众多样化、多方面的需求，充分利用各种资源去服务大众。志愿服务不仅能弥补政府在公共服务能力上的不足，而且其多元角色还能为广大群众提供多样化的服务。大量专业志愿者的涌现也开辟并促进了新的服务领域，满足了社会日益增长的个性化服务需求。显然，志愿服务的核心一方面在于服务大众、满足需求，即利他。如前所述，志愿服务作为"行善义务"的一种具体的表现形式，其目标不仅在于利他，它同时在另一方面也追求人之德性的完满，追求人的自由全面发展。因而，志愿服务的价值诉求在于利他，也在于"成己"。

1. 利他精神

"利他"即指对他人的无私行为。"利他"概念最初由法国"社会学之父"孔德于1851年提出。自此之后，许多学者都对这一概念进行了阐述。例如，威尔森认为"利他"是一种有利于他人而无利于自身的零和行为；丹尼尔·巴塔尔指出"利他"是一种自愿行为，其最重要的特征就是"不期望有任何精神和物质的奖赏"①；格林将"利他"定义为："在己方无利

---

① BAR-TAL DANIEL. Altruistic Motivation to Help: Definition, Utility and Operationalization [J]. Humboldt Journal of Social Relations, 1986, 13 (1): 3 - 14.

可图或者有所损失的基础上，着意为他人谋求福利的行为。"①

从利他的对象、动机或基础来看，利他可以被分为"亲缘性"利他与"普遍性"利他。其中，"亲缘性"利他的基础是中国传统社会以亲缘和地缘构成的"差序格局"。"亲缘性"利他的对象一般为与己相熟的亲人好友。"普遍性"利他的基础则是"恻隐之心"，其对象为亲人好友之外的陌生人。

中国传统社会的整个道德价值体系是以亲缘关系为中心向外扩散开来的"差序伦理"，因此人们的利他精神是围绕着"亲缘"铺展开来的一个个水波，"一圈圈推出去，愈推愈远，也愈推愈薄"②。利他性与亲缘性内在地联结在一起，使得传统社会中的利他精神不可避免地附着着浓厚的"亲缘"品格。虽然我们早已迈入陌生人社会，但文化与传统的印记使得我们当下的利他精神在一定程度上仍然属于亲缘性利他，这种利他的限度就在"水波"的尽头，处在这个位置上的正是"陌生人"。似乎，传统社会的"差序性"利他并没有给这群人留下位置。尽管如此，孟子对"恻隐之心"存在的肯定与论述还是为对陌生人的利他奠定了可能。而青少年志愿服务精神要培育的正是这种对于陌生人的利他精神。对于陌生人的利他关键在于正确认识"自我"与"他者"（关于"自我"与"他者"的问题，前文已有相关论述）。

当然，除此之外，还存在一种广义的利他精神，即利社会、利自然、利民族与国家。"先天下之忧而忧，后天下之乐而乐"就是这样一种利他。这种利他强调的是奉献与牺牲，为国家与民族、为社会与人民立大功，谋大利，为集体利益顾全大局，为群体荣耀做出让步。这种利他还可以上升为一种国家精神。例如，我国基于"人类命运共同体"及"人与自然和谐共生"理念提出的"一带一路"秉持的就是一种互惠共享、互利共赢的利他精神，这种利他追求的不仅是"一带一路"的沿线国家之间的互惠共享，也是人与自然之间的互利共赢。这种广义的利他精神根植于中国传统思想中的"天人合一""天下大同"等理想。

---

① 转引自龚天平. 社会偏好的伦理学分析与批判 [J]. 北京大学学报（哲学社会科学版），2018，55（3）：5–13.

② 费孝通. 乡土中国 [M]. 北京：人民出版社，2008：30.

2. 促进人的全面发展

"人的全面发展"包括"身心协调发展""能力多维发展"以及"个性自由发展"。"身心协调发展"毫无疑问要求人们必须完整且和谐地发展"身"与"心"两个方面（这里的"身"指技能、能力，"心"指精神）。一方面，志愿服务作为一种不问前程不计得失的自愿行为，彰显与涵育的正是人的崇高的利他精神，这是对"心"的发展。另一方面，人们作为志愿者参与到各种社会活动中，不仅能展现自我的才能，实现自身之价值，更能在实践中亲历各种社会事件，从而加深对社会的认识与了解，积累丰富的社会经验，从而提高实践能力，这是对"身"的发展。"能力多维发展"则指各方面科学知识与实践技能都能得到提升。随着时代的进步，我国志愿服务事业的专业化程度也在不断加深。为满足更高质量的需求，相关组织与部门会经常开展学习与培训。志愿者们可以在培训中获得丰富的知识，在活动中提升实践技能。"个性自由发展"即指人的本性的自主而富有独特性的发展。基于人本性的复杂性，人的发展最理想的状态应该是"个性自由发展"。"个性自由"要求所有个体都"自由"发展，而不是遵循同一模式发展。人的个性的独特性正是来源于人的非平衡发展的各项能力的不同的排列组合。志愿者在志愿服务行动中，依据自己的意愿与能力参与相关服务，在不同的实践中发展着不同的能力，从"偶然的个人"转变为"有个性的个人"。

总而言之，志愿者们在志愿服务活动中既帮助了他人、服务了社会，也实现了自我的完善，既为经济建设创造了价值，也推动了社会文明，为社会的和谐发展作出了巨大贡献。志愿服务活动毫无疑问是新时代青少年文明素养养成教育的重要载体和强大助力。

第七章
新时代青少年文明素养养成教育的自我内化图式

新时代青少年文明素养养成教育最终在于个体的自我内化。只有将外在的规范与价值观念内化于心，实现文明素养向个体自觉意识的转化，人们才会将这种规范与价值观念纳入到自己的行动准则之中，以其为行动根据，从而外化于行。实现内化的路径主要包括学思结合与事上磨炼，内化的过程则主要涉及自觉意识的觉醒与生成，内化的目的是使青少年个体最终达至敬畏、慎独及从心所欲不逾矩的自由境界。

第一节　自我内化的路径

内化是"个体接受态度、法规、原则或良心制裁，并使之在形成价值判断或决定自己品行的过程中成为自己的一部分"① 的过程。文明素养的自我内化就是文明素养向个体自觉意识的转化，即外在的社会规则或观念转化为个体内在的心理。也就是说，个体经过学习与实践，将特定的社会规则、价值观念等转化为自身稳定的心理特征的这一过程。自我内化至少包含两条路径：其一，学思结合；其二，事上磨炼。

---

① ［美］克拉斯沃尔，布卢姆，等. 教育目标分类学：第二分册　情感领域［M］. 施良方，张云高，译. 上海：华东师范大学出版社，1989：29.

一、学思结合

"学而时习之，不亦说乎？"（《论语·学而》）道出了儒家思想中"学"的重要性。孟子提出"人皆可为尧舜"（《孟子·告子下》），表明了人成为圣贤的可能性。同时，儒家以君子人格作为学的目标，高度重视品格修养。儒家曾提出"八条目"，其根基在于"格物、致知"，即"学"，对于提升自我修养的"诚意、正心、修身"而言，"学"是获取这些品性的路径之一。

从行为的发生机制来看，"学"关乎着人的行为方式与行动的发生。人的行为由四个阶段组成，即"知、情、意、行"，"知"是第一步，而"行"是最后一步。因此，学习作为获得知识的主要手段，也间接地关乎着"行"这一结果。

"学"，在古代不仅仅是学知识，更是学做人、学做事，属于德性修养的范畴。儒家思想认为，一个人若想成为仁德君子，就必须学习，懂得辨别是非善恶。在儒家思想中，"不学礼，无以立"（《论语·季氏》）奠定了整个儒学重"礼"的学习基调。同样，荀子对"学"也予以高度重视。荀子曾提出"性可伪"这一观点，在荀子看来，人之本性是可以改变的。而人之本性是什么？荀子著有《性恶》篇，对人性进行了全面的论述，简言之，荀子认为人"性恶心善"。同时，荀子又认为"学"是"为善去恶"的唯一途径。《劝学》开篇即指出："学不可以已""君子博学而日参省乎己。"（《荀子·劝学》）在荀子看来，学习是没有止境的，只有通过不断地学习，"性"才有可能"伪"，从而成为一个至善至美之人。关于如何"学"，儒家思想家们也给出了方法。

其一，学思应结合。所谓"学而不思则罔，思而不学则殆"（《论语·为政》）。"学"是思想的源头，"思"是学习的深化。若只关注学习，而不在此基础上主动思考，则可能使学习者循规蹈矩，从而故步自封。但若不关注学习而只是单方面思考问题，又可能导致学习者陷入一种不明其理的"空想"的尴尬弊端。对此，孔子也表示："以思，无益，不如学也。"（《论语·卫灵公》）因此，"学"与"思"不可分，以"学"奠定"思"

的基础，以"思"深化"学"的内容，学思结合以达思睿观通。除此之外，学思结合还应注重经过个体的自我思考，有选择地学。对此，朱熹认为，对于仁、义、知等规则，不能只是偏好，还要深刻理解，否则，就会走向事物的反面。所谓"徒好之而不学以明其理"①。

其二，注重"积习"的作用。荀子指出："积土而为山，积水而为海，旦暮积谓之岁，至高谓之天，至下谓之地，宇中六指谓之极，涂之人百姓积善而全尽谓之圣人。"（《荀子·儒效》）在荀子看来，善也是可以累积的，荀子认为"积善"可以"成德"。

另外，一个人的修为并不是与生俱来的，它是通过别人的外铄而形成的，其中需要师长的教化与指点，即："故有师法者，人之大宝也。无师法者，人之大殃也。"（《荀子·儒效》）人非圣贤，在整个学习的过程中，纠错改错也是关键一环，对此，孔子就曾提出："过则勿惮改"（《论语·子罕》）"过而不改，是谓过矣。"（《论语·卫灵公》）

儒家思想认为"学"是为人之本，也是成人的必经之路，孔子"十有五而志于学，三十而立，四十而不惑，五十而知天命，六十而耳顺，七十而从心所欲，不逾矩"（《论语·为政》）。"学"伴随着人的一生，是人成长和进步的积累。可以说，"学"对于个体德性的自我内化是十分重要的。

二、事上磨炼

文明素养既是"格物致知"的学思结合的结果，也是人本身的"文明性"在外化过程中与客观世界交互作用的结果。因此，文明素养养成教育的内化还应注重"事上磨炼"。人的文明素养会在文明实践的"事上磨炼"中充分地体现出来，最终呈现出一种"知行合一"的状态。

文明素养自我内化之"事上磨炼"有两层含义：其一，人的文明素养以文明实践为前提，在"事上磨炼"之中实践"学与思"又发展新的"学与思"；其二，人的文明素养以文明实践为前提，在"事上磨炼"上身体力行，化"文明意向"为文明实践。

---

① ［宋］朱熹．论语集注［M］．北京：商务印书馆，2015：262.

诚然，在说教过程中，人们虽然可以认识与了解所说的文明规范与道德要求，但这种认知仅仅停留在表面，而非真正地了解文明规则的丰富内涵与道德要求的具体性。但以实践为认知的前提，人们可以在"事上磨炼"的文明实践中深刻地领悟到文明素养丰富的内涵，把握道德规范的具体要义，即以人自身的实践为前提，探源文明素养，并深化对道德规范的理解，在"事上磨炼"中使"文明意向"化为人自身的现实品格，成就文明素养的养成。可以说，"体究践履，实地用功"① 是文明素养养成教育自我内化的关键所在。

文明素养作为人的现实的素养境界，并不能仅仅体现在"与道合一"的精神认知之上，更是要求通过身体力行，外化为人的言行举止，气度与风貌，既要关注内在的认知境界，更需关注外在的实践行为，要使认知与实践相互统一，即所谓的"知行合一"。对此，王阳明提出："是故知不行之不可以为学。"② 在王阳明看来，人们不仅要学习知识，理解知识，更重要的是将其内化于心，而这恰需要在"事上磨炼"，即"人须在事上磨，方立得住，方能'静亦定，动亦定'"③。

不论是中国的传统德育思想还是西方的道德理论，均认识到了道德教育或品格教育之中内含的"实践性"倾向，认识到道德哲学实质是一种"实践哲学"。道德最终应关注"实践"而非仅仅停留在理论层面。同理，文明素养最终也应呈现在人的行为实践之中，外化在人的言行举止之上，因此，文明素养养成教育应该注重在"生活世界"中"事上磨炼"。

何为生活世界④？

以"人应当怎样生活"为核心议题的西方古典伦理学经历了一场"为道德奠基"的"启蒙谋划"，发展成了脱离生活实践而高高在上的现代道德

① ［明］王阳明. 传习录［M］. 于自力，孔薇，杨骁骁，注译. 郑州：中州古籍出版社，2008：159.

② ［明］王阳明. 传习录［M］. 于自力，孔薇，杨骁骁，注译. 郑州：中州古籍出版社，2008：170.

③ ［明］王阳明. 传习录［M］. 于自力，孔薇，杨骁骁，注译. 郑州：中州古籍出版社，2008：59.

④ EDMUND HUSSERL. The Crisis of European Sciences and Transcendental Phenomenology：An Introduction to Phenomenological Philosophy［M］. Evanston：Northwestern University Press，1970：111.

哲学的样式。现代道德哲学以牺牲道德严肃性和与现实生活的相关性为代价，专注于明晰和精确的道德知识。造成这种转变的根源在于事实与价值的二分。然而，事实是为了一个特定研究目的而不需要重新考察的材料，它们从来都不是彻底的"原始材料"，每一个事实都包含了预先存在的价值判断，事实与价值之间只存在暂时性的分隔而不存在永久的、无法逾越的逻辑障碍，因而道德哲学不只是沉思，它要关注生活与实践，要处理具体的道德问题。维特根斯坦在写给诺尔曼·马尔康姆的信中也曾说道："研究哲学如果给你的只不过是使你能够似是而非地谈论一些深奥的逻辑之类的问题，如果它不能改善你关于日常生活中重要问题的思考……那么，它有什么用处？"①

事实上，人类的一切努力都是为了现实生活中的美好生活。我们一生下来面对的这个"现存世界"就是我们的"生活世界"，这个生活世界是所有实践的基础。同时，道德生活是所有具有自我意识的个体通过自身的行动参与的实践性生活，一方面，每一个个体以日常的生活世界为基础，另一方面，他们又以自我的行动推动生活世界向前发展。

胡塞尔在提出"生活世界"这一概念时指出，生活世界是一个属人的世界，它是通过人的实践活动所创造出来的、可以直接被人们感知并且具有主观性和相对性的世界。从通俗意义上讲，日常生活世界可以完全替代这个"生活世界"。胡塞尔十分重视这个"作为唯一实在的，通过知觉实际地被给予的、被经验到并能被经验到的世界，即我们的日常生活世界"②。在胡塞尔看来，人们栖息于一个可以被真切感知与经验到的直接的"生活世界"之中。"生活世界"是"思想的源泉"，是"自然科学的被遗忘了的意义基础"③，是一切理念的根源，所有的理念化的成就都在这个"生活世界"中被给予，真正的知识是无法脱离"生活世界"而存在的，它赋予科

---

① ［美］马尔康姆. 回忆维特根斯坦［M］. 李步楼，贺绍甲，译. 北京：商务印书馆，1984：33.

② ［德］胡塞尔. 欧洲科学危机和超验现象学［M］. 张庆熊，译. 上海：上海译文出版社，1988：58.

③ ［德］胡塞尔. 欧洲科学危机和超验现象学［M］. 张庆熊，译. 上海：上海译文出版社，1988：58.

学以意义，且确保了其理论的实在性，同时，科学的根本目的必定与"生活世界"相关联。

在"生活世界"这一概念被提出之后，有许多哲学家对此表示了肯定，教育学家们也纷纷赞同，并将自己的教育理念建立在"生活世界"之上。十八世纪六十年代初，法国启蒙思想家卢梭在荷兰出版了他的教育学著作《爱弥尔》，在书中反映了他的自然主义教育思想，它认为教育儿童要做到尊重儿童的天性，在认识自然、感受自然中接受教育，使儿童的本心回归到大自然。同样，十九世纪末二十世纪初，美国实用主义之父杜威也提出了"教育即生活"的观点，无独有偶，我国学者陶行知先生则提出了"生活即教育"的"生活教育"理论。哈贝马斯对生活世界也持肯定的态度——"生活世界似乎是言语者和听者在其中相遇的先验场所"①。

事实上，文明素养养成教育自我内化之"事上磨炼"本就体现了"生活世界"这一重要范畴。"事"即"生活之事"，包括"诵诗读书弹琴习射"（《传习录下》），也包括"言语步趋""洒扫涓洁"（《童蒙须知》）等。在这些"生活之事"中，人的行为方式得以反复磨炼，从而养成良好的习惯，形成良善的品格。因此，人的文明素养也就体现在人的日常生活之中，无论是私人生活还是公共生活，都无时无刻不展现着人们的文明素养。可以说，生活就是文明素养存在的基本形态。文明素养养成教育内化注重事上磨炼，而这个生活世界恰好承载着这份重任。

第二节　自觉意识的生成

人生而就拥有意识。而自觉意识是一种特殊的意识。这种意识并非生而有之，而是依靠有意识地启发与规训才得以生成。自觉意识的生成必定

---

① HABERMAS J. Theory of Communicative Action Volume Two：Liveworld and System：A Critique of Functionalist Reason ［M］Boston：Beacon Press，1984：191.

要经历一个从潜意识过渡到自觉意识的过程。这种潜意识是自觉意识的根源，是个体行为的动力，因而也是人的文明素养养成的根本动力。潜意识会向自觉意识跃迁，从而催生人类自觉意识的指示性行为，而自觉意识也会向潜意识沉淀，以形成潜意识的自动化行为。事实上，是潜意识与自觉意识的双向动态推动成就了人的文明素养的养成。

一、潜意识表征及其自动化

潜意识是指主体未知觉到的内隐于思维阈限下的场化信息，它是由于本能、遗传、训练等积淀而成的一种在主体自觉意识之外自动控制进行的思维场的潜效应。潜意识不能用清晰的语言进行表达，它不是一种常规思维，它有非线性与非逻辑性、潜在性与内隐性、突发性与瞬间性等特征。

潜意识的一个重要功能就是形成表征。这些表征来源于心灵与外在世界信息沟通而产生的身体变化。由潜意识形成的表征一方面有助于人们更好地实现内在世界的稳定。稳定而和谐的内在世界是人的文明素养养成的一个重要条件。另一方面则有助于更准确地感知外在世界的对象与事件。例如，在人们可能遭遇到外在的危险时，身体会通过视觉等方式在心灵中形成表征，心灵则对危险可能存在的位置及其运动轨迹做出预测并向身体发布命令以逃避危险，保存自身。由潜意识形成的表征联通着我们的内在世界与外在世界，有助于更好地把握"两个世界"的变化。基于潜意识而做出的反应几乎都是自动的。

美国学者简德林曾提出过"身体潜意识"的概念，意思是说，人的身体与其复杂的周边事物密切相连，在这种联系中，身体能够体验并记录下当下的情境信息，当再次遇见相似情境时，身体潜意识能够使人的身体表达出不为意识所知的存档过的相似行为。因而，"事上磨炼"对于青少年文明素养的养成十分关键。在"事上磨炼"的过程中，身体会体验到各种不同的情境，并对其做出相应的符合文明要求的行为，在反复的行为规训中，身体也就记录下了当时的情境与相应行为，若再次遇见相似情境，身体会自动地做出反应行为，这种反应行为越过了人脑的有意识的思考，是由身体直接给出的。这种潜在的意识就是一种潜在的行为，而青少年文明素养养成教育的目标之一就是养成这种潜在的文明行为。

通过后天的学习、思考与感悟，一定社会中的规则规范、价值观念及风俗习惯等可以凝结积淀为潜意识。这种潜意识能够在不为主体所觉察到的情况下对主体的心理及言行进行调节。换句话说，在协调各种关系，解决道德两难时，潜意识的出场常常不需要主动思考，主体便能自然而然见事而行。

二、觉解①

"觉解"是冯友兰先生提出的重要哲学命题，其有助于提高人之精神境界。"觉"就是自觉、觉悟，觉的对象是"理"，"解"就是了解。"觉"与"解"其根本都是指"悟"。

"了解"是人的一种认识活动。在这种认识活动中，人将概念与经验联合起来。一般而言，人们会从感性直观中获得经验性认识，经验性认识经过理性分析判断可以得到一个概念。这是一种基于经验之上的综合判断。冯先生所说的"了解"并非基于经验，而是基于理性，是从理性到超理性的一种认识活动。即"以理观物"，也就是从概念出发更进一步地去认识、了解事物。例如，我们依文明之理以观文明，我们可以由文明的概念出发，了解文明的本质，了解什么是文明，依据"什么是文明"，我们就可以知道什么样态是符合文明的。在冯先生看来，基于感性直观的认识会被圈禁在经验范围之内，人们只能感觉到对象是如此，而无法真正认识到它到底是什么。"若一人完全不了解其（事物——引者注）所属于底类，完全不了解其所表现底理，则此人对于此事物，即为完全无解。此事物对于此人，即为完全地浑沌，完全地无意义。"② 在冯先生看来，若想要某一事物对于我们而言是有意义的，就必须了解这一事物，了解其概念。此外，冯先生还认为，要在经验中验证概念。没有经验的概念是空的，没有被经验印证过的概念不是真的知识。对此，康德也曾表示："思维无内容是空的。"③ 冯先

---

① 冯友兰. 贞元六书：下册 [M]. 上海：华东师范大学出版社，1996：517－532.

② 冯友兰. 贞元六书：下册 [M]. 上海：华东师范大学出版社，1996：520.

③ ［德］康德. 纯粹理性批判 [M]. 邓晓芒，译. 北京：人民出版社，2004：52.

生提出的"了解"不仅可以向外观物，也可以向内观己。"自觉"或说"直觉"，是一种"反省"，是对自己"了解"的反观。

　　冯先生认为"觉解"是人最本质的规定性。在他看来，"人是有觉解底东西"，因此"人生是有觉解底生活"①。他还强调："这（觉解——引者注）是人之所以异于禽兽，人生之所以异于别底动物的生活者。"② 在冯先生看来，"觉解"是人与动物相区别的根据，也就是说人与动物有着本质差异，人是文化的产物。在冯友兰那里"觉解"还有高低之别。冯先生认为，人对于宇宙及人生存在着不同程度的"觉解"。其中最高境界——天地境界中的人"已知天"，因此"人不但应在社会中，堂堂地做一个人；亦应于宇宙间，堂堂地做一个人"③。此种境界中的人即可"与天地参""赞天地之化育"。

　　冯先生提出的"觉解"清晰地阐释了"自明诚"的过程。《中庸》说："自诚明，谓之性；自明诚，谓之教。"（《中庸》第二十一章）因真诚而明白事理，是天性使然；因明白事理而真诚，则是教化使然。"觉解"很好地阐释了以认知推动精神境界提升的过程。这里的认知指一种建立在理性之上的形而上的认知，这种认知是在人的精神境界中首先确立一种信念，即荀子所谓的"君子之学也，入乎耳，箸乎心，布乎四体，形乎动静，端而言，蠕而动，一可以为法则"（《荀子·劝学》）。这种认知由概念到经验，由理论到体验，在不断地"觉解"中，自我的内心也随之发生变化。王阳明对于这种情怀有深刻的论说："仁者以天地万物为一体，莫非己也……君子之学，为己之学也。为己故必克己，克己则无己。"（《王文成公全书·书王嘉秀请益卷》）要达到天地万物一体之仁，成就大人君子，离不开"为己"，"为己"先要克己、无己；"克己"首先要向内寻求克除一己之私和有我之欲，正因为私己之心让我与世界对立隔离，导致了我与他人和万物的疏离，"须是克去己私，真能以天地万物为一体"（《王文成公全书·与黄宗贤》），所以，只有克去己心之私欲，才能回归天地万物一体之仁的境地。

---

① 冯友兰. 贞元六书：下册 [M]. 上海：华东师范大学出版社，1996：526.
② 冯友兰. 贞元六书：下册 [M]. 上海：华东师范大学出版社，1996：526.
③ 冯友兰. 贞元六书：下册 [M]. 上海：华东师范大学出版社，1996：557.

第三节　自我内化的境界

人之生命的实现样态即为"境界"。"境界"是人之经验与境况的统一，具体呈现为人之生命的整体状态。文明素养之"境界"是指人的精神文明的状态、层次与境地。在这个境界中，有情感模式、思维方式、价值信念等一切的精神文明内容。特定境况下，一个人的认知、情感、意念等主观精神就是其精神境界的彰显。青少年文明素养养成教育的目标境界有三，一是敬畏，一是慎独，一是从心所欲不逾矩。

一、敬畏

在中国古代社会，"敬畏"是一种伦理。"敬畏"源于人之有限性，即人由于其生命的有限性与认知的有限性而对神圣的对象或是不可认知的现象产生了一种崇敬与畏惧心理。由于这种"敬畏"心理，人们会自觉地约束自身之行为，以求得神灵的庇佑。可以说，"敬畏"之心维持了人与自然的和谐，促进了人与社会的共融，还成就了个体对自我的超越。

传统社会这种"敬畏"包含两个层面：其一，人在其有限的生命中，对"长生""永生"产生了渴望，他们为无限的生命刻画了神圣的对象，并对其产生了膜拜与敬仰之情，从而敬畏生命，珍惜生命之有限，并逐渐形成了自强不息等传统美德。在这一个层面上，"敬畏"成就了人之超越性。其二，人因其有限的认知而无法解释自然界中存在的种种"神迹"，他们深深地恐惧于大自然的力量，却又渴望对其有更多的认知，于是形成了对大自然的无限遐想，因此，人们敬畏自然，通过观察自然规律形成了秩序观念，并依"道"而行。在这个层面上，"敬畏"维持了人与自然的和谐状态，促进了人与社会的共融。

随着科学技术的发展，人类的认知范围急速扩大，曾经无法认知的自然现象不仅得到了科学的解释，还可以被准确地预测，大自然失去了其"神圣性"，似乎科学能解释一切。此外，人类虽未获得"永生"，但也的确实现了延长生命的渴望，科学似乎还能解决一切。科学无所不能，是唯一正确的神圣真理，它能赋予人们一种奇迹般的救赎。于是，"敬畏"诞生的根源被动摇了。传统社会中的"天道"陨落，"敬畏"缺失。

　　然而，"科学主义"又何尝不是另一场宗教崇拜呢？在科学"杀死"上帝的那一瞬间，科学也就取代了上帝，变成了下一位神。主张"科学主义"的人们似乎忘记了科学的起源。一方面，科学源自人类的好奇心与想象力。科学的目的的确是揭示世界的真相，以满足人们对于"世界之所是"的好奇，但科学并不是唯一正确的神圣真理。若说科学是唯一正确的神圣真理，那么从地平论到地心说，从地心说到日心说，科学一次又一次地推翻了自己探索到的所谓"真理"，那又应该怎么解释呢？显然，我们无法将科学直接等同于真理，科学是人类基于好奇心而开展的趋真避假的一种认知活动，由于人自身的认知限度，科学认知活动有产生谬误的可能，因而，科学仅在这一维度就无法与符合事实的"真理"等同。另一方面，科学源自人类的想象力。人类的想象力往哪个方向发展，科学就在那条路上前行。这并不是在暗示科学家只是通过设置实验来证明他们已经想要相信的东西，从而编造他们的结果。极端的社会建构主义根本就不是一个令人信服的故事。但无疑令人震惊的是，科学思考被日常思考的模式深深地渗透着，并且所选择的意象对在特定时间内被认为是科学的东西有着强烈的影响。① 因而，科学主义的立场——科学是唯一不容置疑的正确的神圣真理——并不是无懈可击的。诸多研究业已表明，科学不是万能的。科学无法认识到世界的全部真相。世界还是"可敬"的。

　　此外，人们对世界及存在于世界之上的所有事物的绝对的"他者性"的意识，也会让人们对这个世界以及其他事物肃然起敬。这个绝对的"他

---

① MARY MIDGLEY. The Essential Mary Midgley［M］. London & New York：Routledge，2005：320.

者性"表现为康德所谓的"头上的星空"①，也就是客观存在的宇宙秩序，以及除"自我"以外的所有"他者"（包括一切非人动物与荒野）。

总而言之，宇宙不是一个展示人类能力的投影屏，宇宙是一个独立且先于我们的存在，一个不由我们规划的存在，也是一个能够不断给我们带来惊喜的存在。这样一个存在是真正的令人敬畏的奇迹。

> 你曾入过雪库，或见过雹仓吗？……
>
> 谁为大雨分水道……？
>
> 使雨降在无人之地，落在无人居住的旷野，
>
> 使荒废之地得着滋润，使青草在干旱之地得以长起来呢？……
>
> 你能按时领出玛查鲁夫星系吗？你能引导北斗和随从它的众星吗？……
>
>
> 你能用鱼钩钓上鳄鱼吗？……
>
> 他肯与你立约，好使你永远奴役他吗？……
>
> 他把铁当作干草，把铜当作朽木……
>
> 他使深渊沸腾，他搅动海洋如在鼎中调制膏油。
>
> 他使自己行过的路发出白光，令人把深渊当作白发老人。
>
> 在世上没有一样像他的，他是无所惧怕的动物；
>
> 所有高大的动物，他都藐视，他在一切狂傲的野兽之上作王。
>
> （《约伯记》第38、41章）

中国古代社会，基于纯粹的"未知"与"不能"的"敬畏"思想维系了人与自然的和谐，促进了人与社会的共融，还成就了个体对自我的超越。新时代，基于对绝对的"他者性"的意识的"敬畏"乃是人类文明的价值旨归。

---

① [德]康德.实践理性批判 [M].邓晓芒，译.北京：人民出版社，2003：220.

二、慎独

"慎"，即"心里珍重"。"慎独"即"只重内心"①。儒家认为，珍重内心，才能"德、行合一"，即"独然后一"。中国古代思想家非常注重"慎独"。《中庸》有言："莫见乎隐，莫显乎微。故君子慎其独也。"（《礼记·中庸》）也就是说，君子不仅要在"幽隐"之处"慎独"，也要在"至微"之中"慎独"。

儒家"慎独"思想主张"内向超越"，即从个体自身入手，不断调节自身之行为，改造自身之思想，以符合"天道"。这种"内向超越"强调的是一种内省与自律的意识。"慎独"以圣人品格为修炼目标，要求个体效仿圣人，最终提升自我之境界。"慎独"是个体在内心的自我对话，个体以内省与自律的方式磨炼其意志力，以锻造个体的社会责任感，并成就一种自觉意识。

"慎独"有三个境界：其一，"慎其行"；其二，"慎其心"；其三，"慎其德"。②"慎其行"关注的是人的外在行为，属于"慎独"三境界中最低的层次。在这一层次里，"慎独"思想认为，人的行为，不论是否被人目睹，在客观上都是外显的，是可见的。因而，人不可以因为自己的行为不被他人所见而肆意妄为。由此可见，"慎独"首先要求人即使在闲居独处之时，也应"慎其行"，也就是"慎其闲居之所为"。然，"慎独"之"独"并不仅仅指人的独处，"独"有"一个"的意思，因此，它也可以指众人之中的"一个"，"众行为"之中的"独行"。此时的"慎独"则区别于前文的"慎独"。在众人之中如何"慎独"？"不从众"是也。不盲目从众，不人云亦云。自身的行动应发自内心，不自欺。"慎其心"关注的是人的内在的心理活动，属于"慎独"三境界中的第二个层次。《大学》有云："诚于中，形于外，故君子必慎其独也。"（《礼记·大学》）即人内心最真实的想

①　廖名春. "慎独"本义新证 [J]. 学术月刊，2004（8）：48－53.

②　邢文. 作为"慎其德"的"慎独" [J]. 清华大学学报（哲学社会科学版），2019，34（6）：159－166＋203.

法会呈现在其外表之上，因此，有"慎独"的必要。事实上，"内心"与"外行"有着密不可分的关系，所有行为的发生动机都根源于人内心的偏好或欲望。因此，"慎独"思想认为，调节好自己内心的偏好，就可以调整人的言行，即"慎"首先在于心，其次才是行。作为"慎独"最高境界的"慎其德"关注的是内在于个体的"德"。这里所说的个体内在的"德"类似于康德所谓的内心的"道德法则"。"慎其德"最终成就的是一种"天人合一"的境界。

三、从心所欲不逾矩

孔子所提出的"从心所欲不逾矩"这一观念并非指我们通常言之的"随心所欲""肆意妄为"，它实质上是倡导"心之所欲"合乎"规矩"，即要求人们将规则内化为行动准则与信念，用内化了的信念洗涤与规则相违背的欲望，并使得其欲望全然在规矩之内，从而不会觉得"心之所欲"与"规矩"相冲突。孔子的"从心所欲不逾矩"并非是对世俗礼法进行挑战，它提倡以牺牲不合理的欲望来迎合社会规矩，追求的是一种心灵自在的状态。在这一观念中，从心所欲，"而自不过于法度"①。在孔子看来，"心之所欲"皆在法理之中，是法度范围内的"心欲"，法理是"心之所欲"的隐性前提。换句话说，只有"不逾矩"，才可"从心所欲"。

孔子提出的"从心所欲不逾矩"与康德的自由观具有一定的相通性。自由即意志自由，一方面，"意志为自身立法"，即意志不但可以调控人的偏好，抑制欲望，或是完全摆脱二者的影响，为人自身确立行动法则；另一方面，意志服从于人为自身所立的法则。康德道德哲学认为，人是有限理性存在者，其理性有立法能力，即人的理性为自身立法，且人也应该自觉地服从理性为自身颁布的法则。而理性为自身颁布的这种准则是一种普遍法则，换句话说，理性所确立的准则必须同时也是所有理性存在者都应该遵守的准则。倘若人的行动全然只受偏好与欲望所规定，则可能出现

---

① ［宋］朱熹. 论语集注［M］. 北京：商务印书馆，2015：92.

"求而无度""争则乱"（《荀子·礼论》）的现象。因此，人的意志只有控制好偏好与欲望，完全摆脱二者的影响且独立地发挥作用，同时服从于自身所确立的法则，意志才能称之为自由的意志。依康德之见，自由即自律，即道德并非外在于人的规矩，而是人自身之内的准则。因此，可以认为，孔子之"心"即等同于康德的"意志"，"心之所欲"即是"意志"对"法则"的服从，"矩"即是"意志"为自己确立的法则。

要达到"从心所欲不逾矩"的自由境界，必然要在法理之中经历一番修炼。圣人孔子也是至"七十"才通达道德与规矩圆融的境地，才达至"自由"境界。青少年文明素养养成教育则是要通过多样化的外部教育，环境化育，自我内化，将各种行为规范纳入自己的行动准则，将文明内含的价值取向内化于心，大力培养"文明性"与"文明实践"能力，最终成就一种"从心所欲不逾矩"的自由境界。

结　语

　　文明之为物，至大至重，社会上的一切事物，无一不是以文明为目标的。① 人以文明为目标，在生存与发展之际创造了大量的物质文明与精神文明，使得身心各安其所，并成就了人自身的文明性。可以说，文明是人的文明，是人类德性与智慧的表现，是人基于心智开化与人道情感所达到的言谈举止的规范有礼、生活条件的优裕以及社会秩序的和谐。文明是人类追求的永恒的价值。然而，当人们开始执掌大自然起，人与自然就站在了对立的两面，文明从此开始异化。德国哲学家阿尔伯特·史怀哲在其著作中陈述了一个"显而易见的基本事实"，即"人类文明的灾难性特征之一是物质文明比精神文明发达得多"②。的确，工业革命的兴起加速了社会的发展，极大地提升了人类的物质生活水平，但人类对知识与技术的追求致使当时的人们无法认清文明的本质，人们毫无节制地追求着物质文明，深陷于物质成就之中，全然忘记了精神文明对人类生活的重要性，精神文明从此一蹶不振。人与自身，人与他人，人与社会以及人与自然之关系也因此发生了翻天覆地的变化，"人对人是狼"③。诚然，物质文明是文明的物质性产物，但其终归只是手段，而文明就其本质而言，不仅仅是手段，更是一种价值、是目的。文明之核心并非仅在于物质成果，而更在于精神领域的

---

① ［日］福泽谕吉. 文明论概略［M］. 北京编译社，译. 北京：商务印书馆，2009：33.
② ［德］史怀哲. 文明与伦理［M］. 孙林，译. 贵阳：贵州人民出版社，2018：002.
③ ［奥］弗洛伊德. 文明及其不满［M］. 严志军，张沫，译. 杭州：浙江文艺出版社，2019：59.

成就。精神文明掌控着人类的发展方向，物质文明把控着人类发展的速度，物质文明只有在精神文明的引领下，才能发挥其应有的作用，才能成就真正的文明。而"只有当生活在文明社会的人养成足以让他们去完善自我、完善社会的精神习惯时，物质文明才会变成真正的文明"①。总而言之，文明是人类超越对物的依赖，进而走向自由全面发展的必由之路。

文明强调人既是文明的自组织主体又是文明的载体。因此，文明有其内生性与外显性双重属性。文明的外显性表征即人要依道而行，最终成就人与自身，人与他人，人与社会以及人与自然之关系的和谐。文明的这一表征要求人们在生活与交往中以文明为目标，构建并尊崇规则与秩序。在这个意义上，人的规则意识的程度与社会文明的程度高度相关。可以说，规则意识是确保人的文明实现的最基本的要素之一。文明的内生性表征即人性的获得。人之为人是因为人有为人之本性，即人性。人意识到自己与动物存在本质区别，因此，"人如何成其所是"成为了贯穿每一个时代的根本任务。人在其人化的过程中不断抗争，不断挣脱人之异化，最终成人。人之人化是人最大限度地成就并展现其人性的过程。可以说，人性揭示了人对自身的理解与期待。人类的思想与行动只有依据"属于真正人性的思想"② 之时，人类才能确保其行为不背离文明本身。因此，无论社会处于何种文明状态，人类都需"始终坚持按人性办事"③。人性为人类确立了三重使命：其一，人的动物本性规定了人在这一维度的使命为保有生命，保存物种；其二，人的文化属性规定了人在这一维度的使命是为"成为人"，成为文化化的人；其三，人的文明性本质规定了人的最高使命即成为文明人。每一个文明人都温文尔雅，彬彬有礼，他们心中都有如此理想，即完善自我，改善社会。

新时代，这一理想体现为培育人之文明性本性，并成就其良好的文明素养。关于成就良好的文明素养，中国传统教育思想有养成教育一说。养成教育是教育，更是养成。康德曾说，"人只有通过教育才能成为人"，教

---

① ［德］史怀哲. 文明与伦理［M］. 孙林，译. 贵阳：贵州人民出版社，2018：005.
② ［德］史怀哲. 文明与伦理［M］. 孙林，译. 贵阳：贵州人民出版社，2018：302
③ ［德］史怀哲. 文明与伦理［M］. 孙林，译. 贵阳：贵州人民出版社，2018：302.

育关乎着"人类天性之完满性的伟大秘密"①。通过教育，人之天性才能得到更好的发展。但仅仅是外在的教育并不能完全将人之文明性本性发展为良好的文明素养。良好的文明素养是以文明的行为习惯、思维方式以及崇高的理想与精神追求为内容内化到个体的人格之中，最终呈现出一副文明的样态。因此，文明素养更是一种"养成"。

诚然，文明作为一种绝对价值，就其形式而言，是人类共同体穷其一生都在追求的东西，而作为文明载体的人，良好的文明素养正是其毕生之追求。但就内容而言，不同的文明形态对人的文明提出了不同的要求。新时代，文明素养要在客观上体现新时代的社会价值，反映新时代的伦理精神。同时，中国传统文化是中华民族生生不息的源泉。因而，文明素养养成教育既要结合中国传统文化之精粹，又要体现新时代的社会主义核心价值观。个体的差异性也使得文明素养养成教育不能一概而论，既要提出基础型的普遍要求，又要提出理想型的高远期盼，但不论是基础型文明素养还是理想型文明素养，都从各个方面呈现了文明人的风貌及现代文明的特质。文明人创造了文明的社会，在这个社会里充满着礼貌、文雅的风气，文明维持了人们良好的生活秩序，实现了人类的大规模交往。

事实上，人类历史就是一部人类文明发展史，是人类脱离野蛮走向文明的发展过程。人类不仅在人与人的关系上脱离野蛮，实现了人与人之间关系的文明化，同时，也在人与自然的关系上脱离野蛮，实现了人与自然关系的文明化。人类脱离野蛮表征着人有德性地生活，就像亚里士多德所表明的那样，人不仅要过好生活，还要过善生活。儒家代表人物孔子、孟子关于良善社会和良善环境实现的论述只是在理论层面表达一种期望，在他们所处的那个时代，人类真正的文明状态还远未实现。今天，人与他人，人与社会，以及人与自然之关系都达到了前所未有的文明状态，人与自身也得到了和解。但文明是生成性之物，文明的步伐永无止境，人类对文明的追求也远不止如此。

---

① ［德］康德. 论教育学［M］. 赵鹏，何兆武，译. 上海：上海人民出版社，2005：5－6.

参考文献

一、马克思主义经典著作

[1] 马克思恩格斯选集：第一卷 ［M］. 北京：人民出版社，2012.

[2] 马克思恩格斯选集：第二卷 ［M］. 北京：人民出版社，2012.

[3] 马克思恩格斯选集：第三卷 ［M］. 北京：人民出版社，2012.

[4] 马克思恩格斯选集：第四卷 ［M］. 北京：人民出版社，2012.

[5] 马克思恩格斯全集：第一卷 ［M］. 北京：人民出版社，1995.

[6] 马克思恩格斯全集：第三卷 ［M］. 北京：人民出版社，2002.

[7] 马克思恩格斯全集：第四十六卷 ［M］. 北京：人民出版社，2003.

[8] 毛泽东文集：第五卷 ［M］. 北京：人民出版社，1996.

[9] 邓小平文选：第二卷 ［M］. 北京：人民出版社，1994.

[10] 邓小平文选：第三卷 ［M］. 北京：人民出版社，1993.

[11] 江泽民文选：第一卷 ［M］. 北京：人民出版社，2006.

[12] 江泽民文选：第二卷 ［M］. 北京：人民出版社，2006.

[13] 江泽民文选：第三卷 ［M］. 北京：人民出版社，2006.

[14] 胡锦涛. 在邓小平诞辰100周年纪念大会上的讲话 ［M］. 北京：人民出版社，2004.

[15] 习近平. 习近平谈治国理政：第一卷 ［M］. 北京：外文出版社，2014.

[16] 习近平. 习近平谈治国理政：第二卷 ［M］. 北京：外文出版社，2017.

［17］习近平．之江新语［M］．杭州：浙江出版联合集团，2007．

［18］习近平．做党和人民满意的好老师：同北京师范大学师生代表座谈时的讲话［M］．北京：人民出版社，2014．

［19］中共中央宣传部．习近平新时代中国特色社会主义思想三十讲［M］．北京：学习出版社，2018．

［20］中共中央宣传部．习近平总书记系列重要讲话读本［M］．北京：学习出版社，2016．

［21］中共中央文献研究室．习近平总书记重要讲话文章选编［M］．北京：中央文献出版社，2016．

［22］中共中央组织部．贯彻落实习近平新时代中国特色社会主义思想在改革发展稳定中攻坚克难案例提要［M］．北京：党建读物出版社，2019．

二、中文著作

［1］唐君毅．中华人文与当今世界补编［M］．桂林：广西师范大学出版社，2005．

［2］唐君毅．中国哲学原论［M］．台北：台湾学生书局，1980．

［3］冯友兰．贞元六书：下册［M］．上海：华东师范大学出版社，1996．

［4］冯友兰．中国哲学史［M］．上海：华东师范大学出版社，2000．

［5］张耀餐，郑永廷，等．现代思想政治教育学［M］．北京：人民出版社，2006．

［6］陈先达．马克思主义五十讲［M］．北京：人民出版社，2017．

［7］戴木才．中国人的美德与核心价值观［M］．北京：中国人民大学出版社，2015．

［8］周溯源．历史学思录［M］．北京：红旗出版社，2016．

［9］王树荫，王炎．新中国思想政治教育史纲（1949—2009）［M］．北京：人民出版社，2010．

［10］陈金龙．民族精神与毛泽东［M］．长沙：湖南出版社，1993．

［11］刘同舫．马克思人类解放思想史［M］．北京：人民出版社，2019．

［12］杨晓慧．社会主义核心价值体系融入大学生思想政治教育全过程的基本问题研究［M］．北京：人民出版社，2011．

［13］许启贤．中国共产党思想政治教育史［M］．北京：中国人民大学出版社，2004．

［14］沈壮海．思想政治教育的文化视野［M］．北京：人民出版社，2005

［15］王易．先秦儒家国家关系伦理思想研究［M］．北京：线装书局，2007．

［16］钱穆．中国文化导论［M］．北京：中国青年出版社，1989．

［17］郭娅．大学生人际交往［M］．成都：巴蜀书社，2001．

［18］王秀阁．大学生人际交往理论与方法［M］．北京：人民出版社，2010．

［19］李贤瑜，郑勇军．大学生人际交往心理学［M］．南昌：江西人民出版社，2012．

［20］兰亦青．网络时代大学生人际交往问题研究［M］．北京：国家行政学院出版社，2017．

［21］郑全全，俞国良．人际关系心理学［M］．北京：人民教育出版社，1999．

［22］吕秋芳，齐力．大学生心理健康与调适［M］．北京：华文出版社，2000．

［23］龚群．追问正义：西方政治伦理思想研究［M］．北京：北京大学出版社，2017．

［24］姚纪纲．交往的世界——当代交往理论探索［M］．北京：人民出版社，2002．

［25］黄菊良．大学生礼仪修养［M］．上海：华东师范大学出版社，2007．

［26］高慕婵．礼仪教程［M］．西安：电子科技大学出版社，2014．

［27］蒋雪梅，龚彬．大学生社会交往及能力培养研究［M］．成都：四川人民出版社，2003．

［28］盛广杰．人生修养导论［M］．长春：吉林人民出版社，2001．

［29］于海．西方社会思想史［M］．上海：复旦大学出版社，2016．

［30］周治华．伦理学视域中的尊重［M］．上海：上海人民出版社，2009．

［31］黄淑娉，龚佩华．文化人类学理论方法研究［M］．广州：广东高等教育出版社，1996．

［32］张锦力．解读青年毛泽东［M］．北京：中央文献出版社，2018．

［33］王润生．现代化与现代伦理精神［M］．南宁：广西人民出版社，1989．

［34］陶行知．陶行知全集：第8卷［M］．南京：江苏教育出版社，1986．

［35］杨国枢．中国人的心理［M］．台北：桂冠图书公司，1988．

［36］唐凯麟，张怀承．成人与圣——儒家伦理道德精粹［M］．长沙：湖南大学出版社，1999．

［37］李斌．儒学与人生［M］．银川：宁夏人民出版社，2010．

［38］贺麟．文化与人生［M］．北京：商务印书馆，2019．

［39］杨明．现代儒学重构研究［M］．南京：南京大学出版社，2002．

［40］王美凤．先秦儒家伦理思想概要［M］．西安：陕西师范大学出版社，2010．

［41］王纲怀．止水集［M］．上海：上海古籍出版社，2016．

［42］余治平．忠恕而仁［M］．上海：上海人民出版社，2012．

［43］朱光潜．文艺心理学［M］．合肥：安徽教育出版社，1996．

［44］朱光潜．朱光潜全集：第2卷［M］．合肥：安徽教育出版社，1987．

［45］朱光潜．谈修养［M］．上海：华东师范大学出版社，2014．

［46］谦德国学文库．孟子［M］．中华文化讲堂，注译．北京：团结出版社，2017．

［47］谦德国学文库．论语［M］．中华文化讲堂，注译．北京：团结出版社，2017．

［48］谦德国学文库．尚书［M］．中华文化讲堂，注译．北京：团结出版社，2017．

［49］谦德国学文库．诗经［M］．中华文化讲堂，注译．北京：团结出版社，2017．

［50］谦德国学文库．周易［M］．中华文化讲堂，注译．北京：团结出版

社，2017.

[51] 谦德国学文库．礼记 ［M］．中华文化讲堂，注译．北京：团结出版社，2017.

[52] ［春秋］管仲．管子 ［M］．张小燕，评议．北京：北京联合出版公司，2017.

[53] ［战国］荀子．荀子 ［M］．徐艳华，译．北京：北京联合出版公司，2015.

[54] ［战国］吕不韦．吕氏春秋 ［M］．臧宪柱，译．北京：北京联合出版公司，2015.

[55] ［战国］韩非．韩非子 ［M］．申楠，译．北京：北京联合出版公司，2015.

[56] ［明］王阳明．标注传习录 ［M］．北京：光明日报出版社，2014.

[57] ［东晋］裴松之．三国志·蜀书·先主传 ［M］．北京：中华书局，1980.

[58] ［清］朱彬．礼记训纂 ［M］．北京：中华书局，1996.

[59] ［宋］朱熹．四书章句集注 ［M］．武汉：长江出版社，2016.

[60] ［清］戴震．戴震全书：六 ［M］．北京：中华书局，1982.

[61] ［明］王阳明．传习录全鉴 ［M］．迟双明，译．北京：中国纺织出版社，2016.

[62] ［明］洪应明．菜根谭 ［M］．太原：山西古籍出版社，1999.

[63] 徐复观．中国艺术精神 ［M］．上海：华东师范大学出版社，2001.

[64] 徐复观．中国思想史论集 ［M］．台北：台湾学生书局，1959.

[65] 徐复观．徐复观新儒学论著辑要 ［M］．北京：中国广播电视出版社，1996.

[66] 黄建军．荀子译注 ［M］．北京：商务印书馆，2015.

[67] 蔡德贵．五大家说 ［M］．北京：当代中国出版社，2007.

[68] 何怀宏．新纲常：探讨中国社会的道德根基 ［M］．成都：四川人民出版社，2013.

[69] 宋涛．中华传世家训：上册 ［M］．北京：北京燕山出版社，2008.

［70］郭超，夏于全．传世名著百部：第 21 卷［M］．北京：蓝天出版社，1998．

［71］侯仰军．孝经译注［M］．北京：中国文史出版社，2012．

［72］秦泉．论语的智慧［M］．汕头：汕头大学出版社，2014．

［73］夏中义．朱光潜美学十辨［M］．北京：商务印书馆，2011．

［74］李世化．荀子大讲堂：荀子的人定胜天［M］．北京：中央编译出版社，2015．

［75］傅志明．儒家文化经典导修［M］．济南：山东人民出版社，2011．

［76］罗国杰．中国传统道德：名言卷［M］．北京：中国人民大学出版社，2012．

［77］罗国杰．中国传统道德：德行卷［M］．北京：中国人民大学出版社，2012．

［78］陈才俊．管子精粹［M］．北京：海潮出版社，2014．

［79］陈力丹．舆论学：舆论导向研究［M］．北京：中国广播电视出版社，1999．

［80］陈汝东．语言伦理学［M］．北京：北京大学出版社，2001．

［81］吴新颖，杨定明．儒家教化论［M］．杭州：浙江大学出版社，2018．

［82］傅永和，等．汉字演变文化源流：上［M］．广州：广东教育出版社，2012．

［83］姚进生．朱熹道德教育思想论稿［M］．厦门：厦门大学出版社，2013．

［84］罗国杰．道德经典文库：上册［M］．北京：国防大学出版社，2002．

［85］杨艳．《朱子语类》版本与语言问题考论［M］．南宁：广西人民出版社，2015．

［86］许嘉璐，等．诸子集成文白对照［M］．西安：陕西出版社，1995．

［87］梁韦弦．《程氏易传》导读［M］．济南：齐鲁书社，2003．

［88］盛广智．中国儒家文化名著［M］．延吉：延边大学出版社，1995．

［89］郭晓霞．古文观止译注［M］．北京：商务印书馆，2015．

［90］苏舆．春秋繁露义证［M］．北京：中华书局，1992．

［91］许慎，段玉裁．说文解字注［M］．上海：古籍出版社，1981.

［92］杨萍．尚书：大禹谟［M］．长春：吉林人民出版社，1996.

［93］衣庆泳．对话大学生寝室人际交往问题［M］．北京：中央文献出版社，2014.

［94］杨妍．地域主义与国家认同：民国初期省籍意识的政治文化分析［M］．天津：天津人民出版社，2007.

［95］邓洪波．中国书院章程［M］．长沙：湖南大学出版社，2000.

［96］徐梓．中华优秀传统文化教育十五讲［M］．北京：北京师范大学出版社，2018.

［97］孟源北．信息社会视阈下德育发展研究［M］．广州：广东高等教育出版社，2014.

［98］杨丽彬．沟通技巧［M］．北京：机械工业出版社，2012.

［99］陈桂蓉．中国传统道德概论［M］．北京：社会科学文献出版社，2014.

［100］杨叔子．杨叔子文化素质教育文集［M］．武汉：华中科技大学出版社，2009.

［101］陈秋明，谭属春．社会主义先进文化的深圳探索与理论研究［M］．北京：商务印书馆，2018.

［102］闫艳．交往视域中的思想政治教育［M］．北京：人民出版社，2011.

［103］风笑天．社会研究方法［M］．北京：中国人民大学出版社，2015.

［104］中国社会科学院语言研究所词典编辑室．现代汉语词典［M］．北京：商务印书馆，2004.

［105］胡寄窗．中国经济思想史简编［M］．上海：立信会计出版社，1997.

［106］孟琢．童蒙须知［M］．彭著东，译注．北京：中华书局，2013.

［107］李丁．英国青少年公民教育研究［M］．北京：人民出版社，2012.

［108］秦树理．国外公民教育概览［M］．郑州：郑州大学出版社，2005.

［109］吴新颖，邓子纲，吴新东．中国人文明形象约论［M］．北京：光明

日报出版社，2009.

[110] 文史哲编辑部．国家与社会：构建怎样的公域秩序？［M］．北京：商务印书馆，2010.

[111] 梁漱溟．东西文化及其哲学［M］．北京：商务印书馆，1999.

[112] 余世伟，白燕．规范·德性·德行——动态伦理道德体系的实践性研究［M］．北京：商务印书馆，2009.

[113] 李泽厚．伦理学新说述要［M］．北京：世界图书出版公司，2019.

[114] 中国特色社会主义事业与青少年发展研究报告［M］．天津：天津社会科学院出版社，2013.

[115] 吴惕安，俞可平．当代西方国家理论评析［M］．西安：陕西人民出版社，1994.

[116] 苏建永，樊传明，吴兆方．思想道德修养与法律基础［M］．北京：经济科学出版社，2010.

[117] 罗国杰．中国传统道德［M］．北京：中国人民大学出版社，1995.

[118] 宋林飞．勤俭卷［M］．南京：南京大学出版社，2008.

[119] 黄希庭．当代中国大学生心理特点与教育［M］．上海：上海教育出版社，1999.

[120] 陈万柏，张耀灿．思想政治教育学原理［M］．北京：中国人民大学出版社，2013.

[121] 叶朗．美学原理［M］．北京：北京大学出版社，2013.

[122] 费孝通．乡土中国［M］．北京：人民出版社，2008.

[123] 钱穆．人生十论：2 版［M］．北京：生活·读书·新知三联书店，2012.

[124] 李天虹．郭店竹简《性自命出》研究［M］．武汉：湖北教育出版社，2003.

[125] 梁漱溟．人心与人性［M］．上海：学林出版社，1984.

[126] 丁原植．楚简儒家性情说研究［M］．台北：台北万卷楼图书有限公司，2002.

[127] 高清海．人就是"人"［M］．沈阳：辽宁出版社，2001.

［128］李景林 . 教养的本源：哲学突破时期的儒家心性论［M］. 沈阳：辽宁出版社，1998.

［129］张春心 . 现代心理学：现代人研究自身问题的科学［M］. 上海：上海人民出版社，1998.

［130］彭聃龄 . 普通心理学［M］. 北京：北京师范大学出版社，2019.

［131］辜鸿铭 . 中国人的精神［M］. 王晋华，黄永华，注译 . 北京：北京理工大学出版社，2016.

［132］睦依凡 . 学府之魂：中外著名大学校长教育理念：第一卷［M］. 南昌：江西教育出版社，2001.

［133］陈晋 . 悲患与风流：传统人格形象的道德美学世界［M］. 北京：国际文化出版公司，1988.

［134］李中华 . 中国人学思想史［M］. 北京：北京出版社，2005.

［135］蒙培元 . 心灵超越与境界［M］. 北京：人民出版社，2005.

［136］舒志定 . 人的存在与教育：马克思教育思想的当代价值［M］. 上海：学林出版社，2004.

［137］许苏民 . 人文精神论［M］. 北京：人民出版社，2011.

［138］司马云杰 . 礼教文明：中国礼教的现代性［M］. 北京：华夏出版社，2015.

［139］绍鹏 . 文明形态理论研究［M］. 北京：中国言实出版社，2015.

［140］杨尚懂 . 个人文明与文明的多元辩证［M］. 北京：华夏出版社，2014.

［141］汪勇豪 . 文明的垂顾［M］. 上海：中西书局，2014.

［142］王江火 . 新文明［M］. 北京：中国政法大学出版社，2014.

［143］卢风 . 启蒙之后［M］. 长沙：湖南大学出版社，2003.

［144］于媛 . 不知礼 无以立：礼仪文明伴我行［M］. 北京：中华书局，2017.

［145］王广 . 好规矩 共遵守：乡规民约代代传［M］. 北京：中华书局，2017.

［146］曾凡朝 . 要做事 先做人：立己修身最为本［M］. 北京：中华书局，

2018.

[147] 赵薇，王汉苗．正心：传统文化与人格养成［M］．北京：中华书局，2018.

[148] 李漫博，马学禄．文明的共和 本体与现象［M］．海口：海南出版社，2014.

[149] 王世荣．文明大走向：文化时代与思想政治变革［M］．北京：中国社会科学出版社，2017.

[150] 张志孚．文化的选择［M］．沈阳：辽宁教育出版社，1988.

[151] 杨兴林．国民素质论［M］．长沙：湖南教育出版社，2001.

[152] 解思忠．国民素质读本［M］．北京：国际文化出版社，2000.

[153] 解思忠．中国国民素质危机［M］．北京：中国长安出版社，2004.

[154] 善培勇．国民素质学［M］．郑州：河南医科大学出版社，1997.

[155] 善培勇．中国国民素质学论纲［M］．北京：当代中国出版社，2002.

[156] 善培勇．国民素质发展规律研究：国民素质学新论［M］．北京：人民出版社，2010.

[157] 欧阳友权，刘泽民．国民素质论：面向 21 世界的国民素质研究［M］．长沙：湖南人民出版社，1998.

[158] 郑奋明．现代化与国民素质［M］．广州：广东人民出版社，2003.

[159] 高昌海．国民素质与教育［M］．济南：山东教育出版社，2000.

[160] 王胜今，王国强，林盛中．论国民素质与和谐社会［M］．长春：吉林人民出版社，2006.

[161] 冯鹏志．新加坡国民素质考察报告［M］．南宁：广西人民出版社，1999.

[162] 李红杰．韩国国民素质考察报告［M］．南宁：广西人民出版社，1999.

[163] 高恒．美国国民素质考察报告［M］．南宁：广西人民出版社，1999.

[164] 王勤．中国国民素质考察报告［M］．南宁：广西人民出版社，

1999.

［165］张景彪．素养教育：以养为道的生命修行［M］．北京：清华大学出版社，2012.

［166］郭文安，陈东升．国民素质建构与基础教育改革［M］．北京：人民教育出版社，1997.

［167］车耳．男人绅士 女子优雅：国民素质读本［M］．北京：中信出版社，2010.

［168］黄菊良．大学生礼仪修养［M］．上海：华东师范大学出版社，2007.

［169］高慕婵．礼仪教程［M］．西安：电子科技大学出版社，2014.

［170］读者丛书编辑组．素养是你最好的名片：文明［M］．兰州：甘肃人民出版社，2017.

［171］读者丛书编辑组．良知，荷底的风声：友善［M］．兰州：甘肃人民出版社，2017.

［172］读者丛书编辑组．诚信，一把心灵的钥匙：诚信［M］．兰州：甘肃人民出版社，2017.

［173］沈宗灵．现代西方法理学［M］．北京：北京大学出版社，1992.

［174］何平．文化与文明史比较研究［M］．济南：山东大学出版社，2009.

［175］李泽厚．世纪新梦［M］．合肥：安徽文艺出版社，1998.

［176］李泽厚．历史本体论：己卯五说［M］．北京：生活·读书·新知三联书店，2003.

［177］李泽厚．李泽厚近年答问录［M］．天津：天津社会科学院出版社，2006.

［178］李泽厚．走我自己的路：杂著集［M］．北京：中国盲文出版社，2002.

［179］李泽厚．走我自己的路：对谈集［M］．北京：中国盲文出版社，2004.

［180］李泽厚．华夏美学 美学四讲［M］．北京：生活·读书·新知三联书

店，2008.

［181］李泽厚．实用理性与乐感文化［M］．北京：生活·读书·新知三联
书店，2013.

［182］王晖．罗兰文集［M］．吉林：吉林摄影出版社，2000.

［183］杜维明．否极泰来——新轴心时代的儒家资源［M］．北京：北京大
学出版社，2016.

［184］李燕杰．青年与美学［M］．北京：北京大学出版社，1984.

［185］唐昊．中国式公益：现代性、正义与公民回应［M］．北京：中国社
会科学出版社，2015.

［186］梁启超．梁启超全集：第1册［M］．张品兴，编．北京：北京出版
社，1999.

［187］梁启超．新民说［M］．沈阳：辽宁人民出版社，1994.

［188］周桂钿．秦汉思想研究（二）：王充评传［M］．福州：福建教育出
版社，2015.

［189］周桂钿．秦汉思想研究（四）：董学探微［M］．福州：福建教育出
版社，2015.

三、外文著作及译著

［1］JOHN LOCKE. Some Thoughts Concerning Education［M］. London：Cam-
bridge University Press，1927.

［2］IMMANUEL KANT. Lectures on Ethics［M］. London：Cambridge Univer-
sity Press，2001.

［3］LUCINDA HOLDFORTH. Why Manners Matter：The Case for Civilized Be-
havior in a Barbarous World［M］. Indiana：Putnam Adult，2009.

［4］BALDRIGE LETITIA. Letitia Baldrige's New Complete Guide to Executive
Manners［M］. New York：Scribner Book Company，1993.

［5］DRESSER NORINE. Multicultural Manners：Essential Rules of Etiquette for
the 21st Century［M］. New York：John Wiley and Sons，2014.

［6］JAMES SELLERS. Public Ethics：American Morals and Manners［M］.

New York: Harper and Row, 1970.

[7] P. J. O'ROURKE. Modern Manners [M]. New York: Dell Publishing Co. , 1983.

[8] ALEX J. PACKER. How Rude: The Teen Guide to Good Manners, Proper Behavior, and Not Grossing People Out [M]. Minneapolis: Free Spirit Publishing, 1997.

[9] IMMANUEL KANT. Critical of Practical Reason [M]. translated by Werner S. Pluhar. Indianapolis: Hackett Publishing Company, 2002.

[10] ALASDAIR MACINTYRE. After Virtue [M]. Indiana: University of Notre Dame Press, 2007.

[11] DANIEL K. LAPSLEY & F. CLARK POWER. Character Psychology and Character Education [M]. Indiana: University of Notre Dame Press, 2005.

[12] BERNARD WILLIAMS. Morality [M]. London: Cambridge University Press, 1993.

[13] ÉMILE DURKHEIM. Moral Education [M]. New York: Dover Publications, 2002.

[14] ARTHUR JAMES & DAVIES IAN. Citizenship Education Volume 2 The Purposes of Citizenship Education [M]. Los Angeles: SAGE, 2008.

[15] LAWTON DENIS & GORDON PETER. A History of Western Educational Ideas [M]. London: Woburn, 2002.

[16] JEAN-JACQUES ROUSSEAU. Emile: Or on Education [M]. London: Penguin Classics, 1991.

[17] PETER-PAUL VERBEEK. What Things Do: Philosophical Reflections on Technology, Agency, and Design [M]. translated by Robert P. Crease. Pennsylvania: The Pennsylvania State University Press, 2005.

[18] JOHN DEWEY. Democracy and Education: An Introduction to the Philosophy of Education [M]. NuVison Publications, 2007.

[19] PIAGET. The Moral Judgement of the Child [M]. New York: The Free

Press, 1965.

[20] LAWRENCE KOHLBERG. The Psychology of Moral Development [M]. New York: Harper&Row, 1984.

[21] KANT. Practical Philosophy [M]. Paul Guyer (ed.). Cambridge: Cambridge University Press, 1999.

[22] JOHN RAWLS. A Theory of Justice [M]. Cambridge: The Belknap Press of Harvard University Press, 1971.

[23] WEST. Ancient Greek Music [M]. Oxford: Clarendon Press, 1994.

[24] EDMUND HUSSERL. The Crisis of European Sciences and Transcendental Phenomenology: An Introduction to Phenomenological Philosophy [M]. translated by David Carr. Evanston: Northwestern University Press, 1970.

[25] HABERMAS. Theory of Communicative Action Volume Two: Lifeworld and System: A Critique of Functionalist Reason [M]. Boston: Beacon Press, 1984.

[26] SMITH, DAVID LIVINGSTONE. Freud's Philosophy of the Unconscious [M]. Dordrecht: Kluwer Academic Publishers, 1999.

[27] MARY MIDGLEY. Wickedness: A Philosophical Essay [M]. London & New York: Routledge and Kegan Paul, 1984.

[28] MARY MIDGLEY. Can't We Make Moral Judgements? [M]. New York: Palgrave MacMillan, 1988.

[29] MARY MIDGLEY. Science as Salvation: A Modern Myth and Its Meaning [M]. London & New York: Routledge, 1992.

[30] MARY MIDGLEY. The Ethical Primate: Humans, Freedom and Morality [M]. London & New York: Routledge, 1994.

[31] MARY MIDGLEY. Utopias, Dolphins and Computers: Problems of Philosophical Plumbing [M]. London & New York: Routledge, 1996.

[32] MARY MIDGLEY. Science and Poetry [M]. London & New York: Routledge, 2001.

［33］ MARY MIDGLEY. The Myths We Live By ［M］. London & New York：Routledge，2003.

［34］ MARY MIDGLEY. The Essential Mary Midgley ［M］. edited by DAVID MIDGLEY. London & New York：Routledge，2005.

［35］［古希腊］亚里士多德. 政治学 ［M］. 吴寿彭，译. 北京：商务印书馆，2017.

［36］［古希腊］亚里士多德. 尼各马可伦理学 ［M］. 廖申白，译注. 北京：商务印书馆，2003.

［37］［法］基佐. 欧洲文明史 ［M］. 程洪逵，沉芷，译. 北京：商务印书馆，1998.

［38］［奥］弗洛伊德. 文明及其不满 ［M］. 严志军，张沫，译. 杭州：浙江文艺出版社，2019.

［39］［英］亚历山大·蒲柏. 论人 ［M］. 李家真，译注. 北京：商务印书馆，2022.

［40］［奥］劳伦兹. 动物与人类行为研究：第一卷 ［M］. 李必成，译. 上海：上海科技教育出版社，2017.

［41］［美］英格尔斯. 人的现代化 ［M］. 殷陆君，编译. 成都：四川人民出版社，1985.

［42］［德］康德. 论教育学 ［M］. 赵鹏，何兆武，译. 上海：上海人民出版社，2005.

［43］［德］康德. 实践理性批判 ［M］. 韩水法，译. 北京：商务印书馆，1999.

［44］［德］康德. 历史批判文集 ［M］. 何兆武，译. 北京：商务印书馆，1990.

［45］［德］康德. 道德形而上学 ［M］. 张荣，李秋零，译注. 北京：中国人民大学出版社，2013.

［46］［德］康德. 道德形而上学奠基 ［M］. 李秋零，译. 北京：中国人民大学出版社，2013.

［47］［德］康德. 康德著作全集：第 7 卷 ［M］. 李秋零，主编. 北京：中

国人民大学出版社，2008.

[48] ［德］康德. 康德著作全集：第4卷［M］. 李秋零，主编. 北京：中国人民大学出版社，2005.

[49] ［德］海德格尔. 海德格尔选集：下卷［M］. 孙周兴，选编. 上海：上海三联书店，1996.

[50] ［德］海德格尔. 存在与时间［M］. 陈嘉映，王庆节，译. 北京：三联书店，1999.

[51] ［美］霍尔姆斯·罗尔斯顿. 哲学走向荒野［M］. 刘耳，译. 长春：吉林人民出版社，2000.

[52] ［美］克利福德·格尔兹. 作为文化体现的宗教——文化的解释［M］. 纳日碧力戈，等译. 上海：上海人民出版社，1999.

[53] ［法］罗伯斯比尔. 革命法制和审判［M］. 赵涵奥，译. 北京：商务印书馆，2016.

[54] ［德］尼采. 古希腊悲剧时代的哲学［M］. 李超杰，译. 北京：商务印书馆，2018.

[55] ［德］尼采. 瞧，这个人——人如何成其所是［M］. 孙周兴，译. 北京：商务印书馆，2016.

[56] ［德］尼采. 悲剧的诞生——尼采美学文选［M］. 周国平，译. 北京：生活·读书·新知三联书店，1986.

[57] ［德］尼采. 权力意志——重估一切价值的尝试［M］. 张念东，等译. 北京：商务印书馆，1991.

[58] ［美］罗伯特·W. 福勒. 尊严的提升［M］. 张关林，译. 上海：上海人民出版社，2008.

[59] ［瑞士］孔汉思. 世界伦理手册［M］. 邓建华，廖恒，译. 北京：生活·读书·新知三联书店，2012.

[60] ［德］孔汉思，库舍尔. 全球伦理：世界宗教议会宣言［M］. 何光沪，译. 成都：四川人民出版社，1997.

[61] ［美］弗里德曼. 选择的共和国：法律、权威与文化［M］. 高鸿钧，等译. 北京：清华大学出版社，2005.

［62］［美］约翰·罗尔斯．正义论［M］．何怀宏，等译．北京：中国社会科学出版社，1988．

［63］［美］约翰·罗尔斯．政治自由主义［M］．万俊人，译．南京：译林出版社，2000．

［64］［美］埃瑟·戴森．数字化时代的生活设计［M］．胡泳，范海燕，译．海口：海南出版社，2018．

［65］［德］舍勒．爱的秩序［M］．林克，等译．上海：三联书店，1995．

［66］［美］埃里希·弗罗姆．爱的艺术［M］．刘福堂，译．合肥：安徽文艺出版社，1986．

［67］［美］欧文·辛格．超越的爱［M］．沈彬，等译．北京：中国社会科学出版社，1992．

［68］［美］E. 博登海默．法理学——法哲学及其方法［M］．张智仁，译．北京：华夏出版社，1987．

［69］［英］约翰·奥斯丁．法理学的范围［M］．刘星，译．北京：中国法制出版社，2002．

［70］［英］边沁．立法理论——刑法典原理［M］．孙力，等译．北京：中国人民公安大学出版社，1993．

［71］［英］洛克．政府论：下篇［M］．叶启芳，瞿菊农，译．北京：商务印书馆，1996．

［72］［德］黑格尔．法哲学原理［M］．范扬，张企泰，译．北京：商务印书馆，1961．

［73］［法］涂尔干．社会分工论［M］．渠东，译．北京：生活·读书·新知三联书店，2000．

［74］［法］涂尔干．职业伦理与公民道德［M］．渠敬东，译．北京：商务印书馆，2015．

［75］［法］涂尔干．教育思想的演进［M］．李康，译．北京：商务印书馆，2016．

［76］［德］埃德蒙德·胡塞尔．欧洲科学危机和超验现象学［M］．张庆

熊，译．上海：上海译文出版社，1988.

[77] [德] 阿尔伯特·史怀哲．文明与伦理 [M]．孙林，译．贵阳：贵州人民出版社，2018.

[78] [美] 诺尔曼·马尔康姆．回忆维特根斯坦 [M]．李步楼，贺绍甲，译．北京：商务印书馆，1984.

[79] [美] 克拉斯沃尔，布卢姆，等．教育目标分类学：第二分册 情感领域 [M]．施良方，张云高，译．上海：华东师范大学出版社，1989.

[80] [德] 阿·科辛．马克思列宁主义哲学词典 [M]．郭官义，等译．北京：东方出版社，1991.

[81] [法] 卢梭．论人类不平等的起源和基础 [M]．高煜，译．北京：商务印书馆，2003.

[82] [英] 休谟．人性论 [M]．关文运，译．北京：商务印书馆，2016.

[83] [印度] 奥修．生命、爱与欢笑 [M]．陶稀，译．上海：上海三联书店，1995.

[84] [美] 波普诺．社会学 [M]．李强，等译．北京：中国人民大学出版社，1999.

[85] [德] 黑格尔．历史哲学 [M]．王造时，译．上海：上海书店出版社，2006.

[86] [奥] 习赫尔穆特·舍克．嫉妒与社会 [M]．王祖望，张田英，译．北京：社会科学文献出版社，1999.

[87] [英] 查尔斯·普拉特．混乱的联线——因特网上的冲突与秩序 [M]．郭立峰，译．保定：河北大学出版社，1998.

[88] [德] 哈贝马斯．交往行为理论：行为合理性和社会合理化：第 1 卷 [M]．曹卫东，译．上海：上海人民出版社，2004.

[89] [英] 梅因．古代法 [M]．沈景一，译．北京：商务印书馆，1997.

[90] [英] 安东尼·吉登斯．现代性与自我认同 [M]．赵旭东，等译．北京：生活·读书·新知三联书店，1998.

[91] [美] 约翰·布雷萧．家庭会伤人——自我重生之路 [M]．杨立宪，

译．北京：蓝天出版社，1999.

［92］［美］萨姆·哈里斯．道德景观——科学如何决定人性价值［M］．于嘉云，译．北京：中信出版集团，2017.

［93］［苏］安德烈耶娃．社会心理学［M］．南开大学社会学系，译．天津：南开大学出版社，1984.

［94］［美］梯利．伦理学导论［M］．何意，译．北京：北京师范大学出版社，2015.

［95］［英］亚当·斯密．道德情操论［M］．李嘉俊，译．北京：台海出版社，2016.

［96］［法］古斯塔夫·勒庞．乌合之众——大众心理研究［M］．冯克利，译．桂林：广西师范大学出版社，2015.

［97］［德］马丁·布伯．我与你［M］．陈维钢，译．北京：商务印书馆，2015.

［98］［日］丸山敏雄．纯粹伦理原论［M］．王英，刘李胜，译．北京：社会科学文献出版社，1992.

［99］［美］卡耐基．人性的弱点［M］．白丁，译．北京：企业管理出版社，2014.

［100］［美］卡耐基．人性的优点［M］．达夫，编译．北京：北京联合出版公司，2015.

［101］［德］费希特．人的使命［M］．梁志学，沈真，译．北京：商务印书馆，1982.

［102］［法］拉·梅特里．人是机器［M］．顾寿观，译．北京：商务印书馆，1959.

［103］［法］莫里斯·梅洛—庞蒂．行为的结构［M］．杨大春，张尧均，译．北京：商务印书馆，2010.

［104］［荷］斯宾诺莎．伦理学［M］．贺麟，译．北京：商务印书馆，1958.

［105］［英］G. E. 摩尔．伦理学原理［M］．陈德中，译．北京：商务印书

馆，2018.

[106] ［英］B. 威廉斯. 伦理学与哲学的限度［M］. 陈嘉映，译. 北京：商务印书馆，2018.

[107] ［日］福泽谕吉. 文明论概略［M］. 北京编译社，译. 北京：商务印书馆，2009.

[108] ［日］西田几多郎. 善的研究［M］. 何倩，译. 北京：商务印书馆，1965.

[109] ［德］尼采. 论道德的谱系［M］. 赵千帆，译. 北京：商务印书馆，2018.

[110] ［德］费尔巴哈. 宗教的本质［M］. 王太庆，译. 北京：商务印书馆，2010.

[111] ［英］理查德·麦尔文·黑尔. 道德语言［M］. 万俊人，译. 北京：商务印书馆，1999.

[112] ［英］罗素. 权威与个人［M］. 储智勇，译. 北京：商务印书馆，2012.

[113] ［美］罗斯科·庞德. 通过法律的社会控制［M］. 沈宗灵，译. 北京：商务印书馆，2010.

[114] ［法］卢梭. 论科学与艺术的复兴是否有助于使风俗日趋淳朴［M］. 李平沤，译. 北京：商务印书馆，2016.

[115] ［法］卢梭. 政治经济学［M］. 李平沤，译. 北京：商务印书馆，2018.

[116] ［法］卢梭. 社会契约论［M］. 李平沤，译. 北京：商务印书馆，2011.

[117] ［英］波洛克. 普通法的精神［M］. 杜苏，译. 北京：商务印书馆，2016.

[118] ［美］杜威. 自由与文化［M］. 傅统先，译. 北京：商务印书馆，2013.

[119] ［英］约翰·穆勒. 功利主义［M］. 徐大建，译. 北京：商务印书馆，2014.

[120] ［英］约瑟夫·拉兹.价值、尊重和依系［M］.蔡蓁,译.北京:商务印书馆,2016.

[121] ［美］大卫·莱昂斯.伦理学与法治［M］.葛四友,译.北京:商务印书馆,2016.

[122] ［加］查尔斯·泰勒.自我的根源:现代认同的形成［M］.韩震,等译.南京:译林出版社,2017.

[123] ［以］尤瓦尔·赫拉利.未来简史［M］.林俊红,译.北京:中信出版社,2018.

[124] ［以］尤瓦尔·赫拉利.人类简史［M］.林俊红,译.北京:中信出版社,2018.

[125] ［美］马修·梅尔科.文明的本质［M］.陈静,译.北京:中国社会科学出版社,2018.

[126] ［美］H. G. 威尔士.文明的溪流［M］.袁杜,译.南京:江苏人民出版社,1997.

[127] ［美］理查德·格里格,津巴多.心理学与生活［M］.王垒,等译.北京:人民邮电出版社,2016.

[128] ［英］塞缪尔·斯迈尔斯.品格的力量［M］.赵志明,译.广州:广东旅游出版社,2013.

[129] ［英］密尔.论自由［M］.许宝骙,译.北京:商务印书馆,2017.

[130] ［英］罗素.幸福之路［M］.刘勃,译.北京:华夏出版社,2017.

[131] ［英］达尔文.人类的由来［M］.潘光旦,等译.北京:商务印书馆,1983.

[132] ［美］迈克尔·哈特,［意］安东尼奥·奈格里.大同世界［M］.王行坤,译.北京:中国人民大学出版社,2016.

[133] ［法］皮埃尔·勒鲁.论平等［M］.王允道,译.北京:商务印书馆,2007.

[134] ［苏］苏霍姆林斯基.给教师的建议［M］.杜殿坤,编译.北京:教育科学出版社,1984.

四、期刊论文

[1] 李泽厚. 宋明理学片论 [J]. 中国社会科学, 1982 (1).

[2] 虞崇胜. 政治文明概念辨析 [J]. 理论前沿, 2002 (4).

[3] 郭湛. 文化: 人为的程序和为人的取向 [J]. 中国人民大学学报, 2005 (4).

[4] 王炳照. 中国古代传统文化与人格养成教育 [J]. 河北师范大学学报 (教育科学版), 1998 (1).

[5] 罗荣渠. 现代化理论与历史研究 [J]. 历史研究, 1986 (3).

[6] 程海东, 贾璐萌. 道德物化——技术物道德 "调解" 解析 [J]. 道德与文明, 2014 (6).

[7] 高瑞泉. 儒家秩序观念的现代重勘: 以梁漱溟为中心的讨论 [J]. 江海学刊, 2019 (3).

[8] 杨义. 百年 "五四" 与思想革命 [J]. 杭州师范大学学报 (社会科学版), 2019, 41 (1).

[9] 苏航. 论费孝通的民族与国家观念——一个 "费孝通转换" 的视角 [J]. 西北师大学报 (社会科学版), 2018, 55 (6).

[10] 龚超. 社会主义核心价值观与公民心灵秩序的实践转化 [J]. 湖北社会科学, 2015 (8).

[11] 高兆明. 有尊严地生活: 美德与生活世界 [J]. 道德与文明, 2013 (6).

[12] 陈根法. 论德性与心灵的秩序 [J]. 复旦学报 (社会科学版), 1997 (4).

[13] 贺来. 马克思哲学的 "类" 概念与 "人类命运共同体" [J]. 哲学研究, 2016 (8).

[14] 尤战生. 人生的艺术化——朱光潜美育思想的核心观念 [J]. 求是学刊, 2003 (5).

[15] 郑文宝, 姜丹丹. 乡规民约的当代意蕴——基于传统与现实的问题意识思考 [J]. 安徽师范大学学报 (人文社会科学版), 2016, 44

（1）．

［16］严婷．儒家音乐思想与嵇康音乐思想之比较［J］．大众文艺，2011（18）．

［17］李美燕．郭简乐教之"情"说在儒家道德哲学中的意义［J］．人文论丛，2006（00）．

［18］韩大元．宪法文本中"公共利益"的规范分析［J］．法学论坛，2005（1）．

［19］徐胜．树立网上中国的良好国际形象——访新华网总裁周锡生［J］．中国记者，2000（10）．

［20］张卫．藏礼于器：内在主义技术伦理的中国路径［J］．大连理工大学学报（社会科学版），2018，39（3）．

［21］王琴．中国器物：传统伦理及礼制的投影［J］．艺术百家，2007（5）．

［22］崔自勤．新时代高中学校德育体系构建的实践探索［J］．吉首大学学报（社会科学版），2019，40（S1）．

［23］孙美堂．从价值到文化价值——文化价值的学科意义与现实意义［J］．学术研究，2005（7）．

［24］龚天平．社会偏好的伦理学分析与批判［J］．北京大学学报（哲学社会科学版），2018（5）．

［25］廖名春．"慎独"本义新证［J］．学术月刊，2004（8）．

［26］邢文．作为"慎其德"的"慎独"［J］．清华大学学报（哲学社会科学版），2019，34（6）．

［27］赵汀阳．"天下体系"：帝国与世界制度［J］．世界哲学，2003（5）．

［28］郭正红．论精神生产力［J］．生产力研究，2002（3）．

［29］BAR-TAL DANIEL. Altruistic Motivation to Help：Definition，Utility and Operationalization［J］．Humboldt Journal of Social Relations，1986，13（1）．

［30］PETER PAUL VERBEEK. Materializing Morality：Design Ethics and Technological Mediation ［J］. Science, Technology & Human, 2006 (3).

［31］ STYLIANOU. On the Interaction of Visualization and Analysis: the Negotiation of A Visual Representation in Expert Problem Solving ［J］. Journal of Mathematical Behavior, 2002 (21).

［32］ CLUCAS CLAUDINE. Understanding Self-Respect and Its Relationship to Self-Esteem ［J］. Personality and Social Psychology Bulletin, 2020 (6).